ARABIC
VISUAL DICTIONARY

Published by Collins
An imprint of HarperCollins Publishers
Westerhill Road
Bishopbriggs
Glasgow G64 2QT

First Edition 2019

10 9 8 7 6 5 4 3 2

ISBN 978-0-00-829035-1

Typeset by Jouve, India

Printed in China by RR Donnelley APS

Acknowledgements
We would like to thank those authors and publishers who kindly gave permission for copyright material to be used in the Collins Corpus. We would also like to thank Times Newspapers Ltd for providing valuable data.

A catalogue record for this book is available from the British Library

If you would like to comment on any aspect of this book, please contact us at the given address or online.
E-mail dictionaries@harpercollins.co.uk
www.facebook.com/collinsdictionary
@collinsdict

MANAGING EDITOR
Maree Airlie

FOR THE PUBLISHER
Gerry Breslin
Gina Macleod
Kevin Robbins
Robin Scrimgeour

CONTRIBUTORS
Shoua Fakhouri
Imad Nasr
Lauren Reid

TECHNICAL SUPPORT
Claire Dimeo

CONTENTS

INTRODUCTION

Whether you're on holiday or staying in one of the Arab countries for a slightly longer period of time, your **Collins Visual Dictionary** is designed to help you find exactly what you need, when you need it. With over a thousand clear and helpful images, you can quickly locate the vocabulary you are looking for.

BREAKFAST | الفُطور

In Arab countries, breakfast tends to be a heavier meal than it is in other countries. Most people will eat breakfast at home as opposed to on the go.

2 **YOU MIGHT SAY...**

May I have...?
هل يُمكنُني الحصولُ على...؟
hal yumenunee-l-husoulu 'ala...?

3 **YOU MIGHT HEAR...**

What would you like?
ماذا ترغبُ؟
matha targhabu?

4 **VOCABULARY**

bread and butter
خبزٌ وزُبدة
khubzun wa zubda

bread and jam
خُبزٌ ومُرَبّى
khubzun wa murabba

to have breakfast
تناولَ الفُطور
tanaawala-l-futoor

5 **YOU SHOULD KNOW...**

In Arab countries, eating breakfast as a family is a part of the Arabic culture.

1

Arabic bread
خُبزٌ عربيّ
khubzun 'arabey

boiled eggs
بيضٌ مسلوق
baydun maslouq

cereal
حُبوبُ الفُطور
huboobu-l-futour

coffee
القهوة
al qahwa

coffee with milk
قهوةٌ بالحليب
qahwatun bel-haleeb

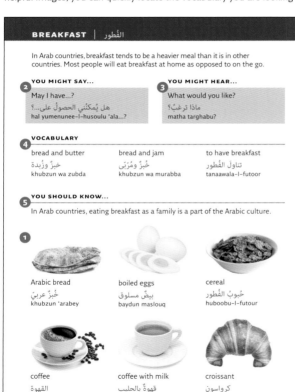

croissant
كرواسون
kroisson

119

The Visual Dictionary includes:

- 10 **chapters** arranged thematically, so that you can easily find what you need to suit the situation

1. **images** - illustrating essential items
2. **YOU MIGHT SAY...** - common phrases that you might want to use
3. **YOU MIGHT HEAR...** - common phrases that you might come across
4. **VOCABULARY** - common words that you might need
5. **YOU SHOULD KNOW...** - tips about local customs or etiquette

- an **index** to find all images quickly and easily
- essential **phrases** and **numbers** listed on the flaps for quick reference

USING YOUR COLLINS VISUAL DICTIONARY

In order to make sure that the phrases and vocabulary in the **Collins Visual Dictionary** are presented in a way that's clear and easy to understand, we have followed certain policies when translating:

1) This **Collins Visual Dictionary** is intended for those with an interest in the language and culture, but is not for academic study. The selection of vocabulary in the sections represent almost all Arab countries from Morocco in north-west Africa to Bahrain and Kuwait in the Middle East. While Modern Standard Arabic or Fusha is the main used language in translation, we have sometimes included other regional variants where applicable.

2) The definite article has been used where appropriate in the translation of nouns into Arabic.

    business التِّجارة at-tejaara

    Where commonly used, feminine forms of nouns have been shown with the masculine form as the main translation.

    scientist العالِم/العالِمة al 'aalem/al 'aalema

3) The past tense is the verb tense used in the translation of infinitive verbs into Arabic.

    to stop أوقف awqafa

4) The transliteration system used in the dictionary has been based on one which is frequently used in areas such as social media. On the next page, we have noted some helpful points about the pronunciation of Arabic.

Sometimes, the same English letter has been used for two or more different Arabic letters that have the same basic sound but are pronounced slightly differently, for example:

- س and ص are both transliterated with an [s]; the letter ص is the heavier, thicker version of the letter س , and both are pronounced just like the English [s] sound, with ص sounding heavier than س .

  car السّيّارة as-sayyaara
  factory المَصنَع al masna'

- د and ض are both transliterated with a [d]; where د sounds exactly the same as [d] in English, ض is a heavier [d] and is an emphatic consonant, whereas د isn't.

  warm دافِئ daafe'
  boiled eggs بيضٌ مَسلوق baydun maslouq

- ت and ط are both transliterated with a [t]; in Arabic, ت is softer than ط and sounds exactly the same as [t] in the word "table", whereas ط is a heavier sound, as in "toll" or "watt".

  apple التُّفّاح at-tuffaah
  breakfast الفُطور al futoor

- ذ , ث and ظ are all transliterated with [th]; ث is pronounced as [th] in "thief", and ذ is pronounced as [th] in "the". ظ is a heavy version of ذ and the difference between ذ and ظ is very subtle (similar to [p] and [b] in English).

  ice cream المُثلّجات al muthallagaat
  seeds البُذور al buthoor
  wallet المِحفَظَة al mehfatha

Listening to the free audio resource will help you to identify the difference between the sounds described above.

FREE AUDIO

We have created a free audio resource to help you learn and practise the Arabic words for all of the images shown in this dictionary. The Arabic words in each chapter are spoken by native speakers, giving you the opportunity to listen to each word twice and repeat it yourself. Download the audio from the website below to learn all of the vocabulary you need for communicating in Arabic.

www.collinsdictionary.com/resources

THE ESSENTIALS | الأساسيّات

Whether you're going to be visiting an Arabic-speaking country, or even living there, you'll want to be able to chat with people and get to know them better. Being able to communicate effectively with acquaintances, friends, family, and colleagues is key to becoming more confident in Arabic in a variety of everyday situations.

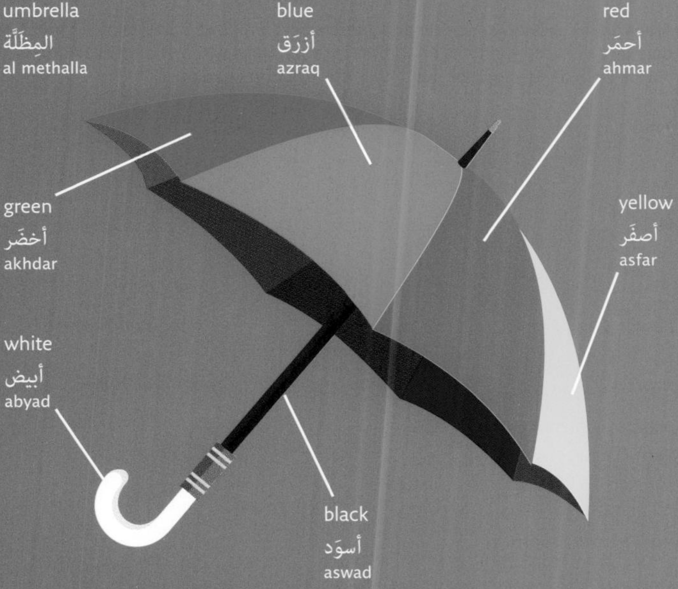

Hello/Hi.
مرحبًا.
marhaban.

Good morning.
صباحُ الخَير.
sabahu-l-khayr.

Good evening.
مساءُ الخَير.
masaa'u-l-khayr.

Good night.
طابَتْ ليلَتُك.
taabat laylatuk.

Goodbye.
معَ السّلامة.
ma'a-s-salaama.

Bye!
إلى اللّقاء!
ila-l-liqaa'!

See you soon/tomorrow.
أراكَ قريبًا/غدًا.
araaka qareeban/ghadan.

Have a good day/evening!
طابَ يومُك/مساؤك!
taaba yawmuk/masaa'uk!

YOU SHOULD KNOW...

Arabs are usually very sociable and greet others in public places even if they don't know each other. It is important to greet Arabs when you meet them in places such as the doctor's surgery or the school reception.

Yes.
نَعم.
na'am.

No.
لا.
laa.

I don't know.
لا أعرف.
laa a'ref.

please
رَجاءً
rajaa'an

Excuse me.
المَعذِرة.
al ma'thera.

Sorry?
عفوًا؟
afwan?

I'm sorry.
أنا آسِف.
ana aasef.

OK!
حَسنًا!
hasanan!

Thank you.
شُكرًا.
shukran.

You're welcome.
على الرّحب.
'ala-r-rahb.

I don't understand.
أنا لا أفهَم.
ana laa afham.

YOU SHOULD KNOW...

The word عفوًا (afwan) in Arabic can have different meanings. It can mean "sorry" or "you are welcome" with the meaning of "no need to thank me".

How old are you?
كَمْ عُمرُك؟
kam 'umruk?

May I ask how old you are?
هل يُمكنُني أن أسأل عن عُمرِك؟
hal yumkenunee an 'as'ala 'an umrik?

When is your birthday?
مَتى عيدُ ميلادِك؟
mata 'eedu meeladik?

I'm ... years old.
عُمري...
'umree...

My birthday is on...
عيدُ ميلادي في...
'eedu meeladee fee...

I was born in...
وُلِدتُ في...
wuledtu fee...

Where do you live?
أينَ تَسكُن؟
ayna taskun?

I'm from...
أنا مِن...
ana men...

Where are you from?
مِن أينَ أنت؟
men ayna anta?

I live in...
أعيشُ في...
'a'eeshu fee...

I'm...
أنا...
ana...

Scottish
اِسكوتلَنديّ
eskotlandey

English
إنجليزيّ
engleezey

Irish
إيرلنديّ
erlandey

Welsh
من الويلز
mina'al walse

British
بريطانيّ
bareetaaney

Are you married/single? (to a man)
هلْ أنتَ متزوّج/أعزب؟
hal anta mutazawweg/'a'zab?

Are you married/single? (to a woman)
هل أنتِ متزوِّجة/عزباء؟
hal ante mutazawwega/'azbaa'?

I'm married. (man)
أنا مُتَزَوِّج.
'ana mutazawweg.

I'm married. (woman)
أنا مُتزوِّجة.
anaa mutazawwega.

I'm single. (man)
أنا أعزَب.
ana 'a'zab.

I'm single. (woman)
أنا عزباء.
ana 'azbaa'.

I'm divorced. (man)
أنا مُطلَّق.
ana mutallaqa.

I'm divorced. (woman)
أنا مُطَلَّقة.
ana mutallaq.

Do you have any children?
هل لديكَ أولاد؟
hal ladayka awlaad?

I have ... children.
لديّ... أولاد.
ladayya...awlaad.

I don't have any children.
ليسَ لَديَّ أولاد.
laysa ladayya awlaad.

This is my father.
هذا أبي.
haatha abee.

These are my brothers.
هؤلاء إخوتي.
ha'ulaa'e ekhwatee.

husband
الزّوج
az-zawg

wife
الزّوجة
az-zawga

son
الإبن
al ebn

daughter
الإبنة
al ebna

parents
الأهل
al ahl

partner
الشّريك/الشّريكة
ash-shareek/
ash-shareeka

boyfriend
الصّاحِب
as-saaheb

girlfriend
الصّاحِبة
as-saaheba

fiancé/fiancée
الخَطيب/الخَطيبة
al khateeb/al khateeba

father
الأب
al ab

mother
الأمّ
al umm

brother
الأخ
al akh

sister
الأُخت
al ukht

grandfather
الجَدّ
al jadd

grandmother
الجَدّة
al jadda

grandson
الحَفيد
al hafeed

granddaughter
الحَفيدة
al hafeeda

father-in-law/
stepfather
الحَمُ
al hamu

mother-in-law/
stepmother
الحَماة
al hamaat

daughter-in-law
الكَنّة
al kanna

son-in-law
الصُّهر
as-suhr

brother-in-law
السِّلف
as-self

sister-in-law
السِّلفة
as-selfa

stepson
ابن الزّوج/ابن الزّوجة
ebnu-z-zawg

stepdaughter
بِنتُ الزّوج/بِنتُ الزّوجة
bentu-z-zawga

stepbrother
الأخُ غيرُ الشَّقيق
al akhu ghayru-sh-shaqeeq

stepsister
الأختُ غيرُ الشّقيقة
al ukhtu ghayru-sh-shaqeeqa

uncle
العَمّ
al 'amm

aunt
العَمّة
al 'amma

nephew
اِبنُ الأخ
ebnu-l-akh

niece
ابنةُ الأخت
ebnatu-l-ukht

cousin
ابنُ العمّ/اِبنةُ العَمّ
ebnu-l-'amm/
ebnatu-l-'amm

friend
الصّديق/الصّديقة
as-sadeeq/as-saadeeqa

colleague
الزّميل/الزّميلة
az-zaameel/az-zameela

neighbour
الجار/الجارة
al gaar/al gaara

baby
الطّفل/الطفلة
at-tefl/at-tefla

child
الولَد/البنت
al walad/albint

teenager
المُراهِق/المُراهِقة
al muraheq/al muraheqa

YOU SHOULD KNOW...

The word أُستاذ (ustaath) in Arabic is commonly used for a teacher, lawyer, or engineer. It is a matter of respect in Arab countries to use it when addressing someone in one of these professions, for example: أُستاذ عُمَر المُحامي (ustaath 'omar al muhamee) (Mr Omar the lawyer).

How are you?
كيف حالُك؟
kayfa haaluk?

How's it going?
كيفَ تجري الأمور؟
kayfa tajre-l-umoor?

Very well, thanks, and you?
جيّد جدًّا، شكرًا، وأنتَ؟
jayyed jeddan, shukran, wa anta?

How is your family?
كيفَ حالُ عائلتِك؟
kayfa haalu 'aa'elatek?

Fine, thanks.
بِخير، شُكرًا.
bekhayr, shukran.

Great!
عَظيم!
'aatheem!

Not bad, thanks.
ليسَ الأمرُ سيّئًا، شكرًا.
laysa-l-amru sayye'an, shukran.

I'm tired.
أنا تَعبان.
ana ta'baan.

I'm hungry/thirsty.
أنا جوعان/عطشان.
ana jou'aan/'atshaan.

I'm cold.
أنا بردان.
ana bardaan.

I'm warm.
أشعر بالحرّ.
ash'uru be-l-harr.

I am...
أنا...
ana...

happy
سعيد
sa'eed

excited
مُتحمّس
mutahammes

annoyed
مُنزَعِج
munza'ej

angry
غضبان
ghadbaan

sad
حَزين
hazeen

worried
قَلِق
qaleq

afraid
خائف
khaa'ef

I'm bored.
أشعُرُ بالمَلل.
ash'uru be-l-malal.

I feel...
أشعُرُ...
ash'uru...

well
جيّد
jayyed

unwell
مريض
mareed

better/worse
أفضَل/أسوَأ
afdal/aswa'

YOU SHOULD KNOW...

It is part of the culture in Arab countries to ask someone about their family. When asking "How are you?", it is polite to also ask "and how is your family?"

Where do you work?

أينَ تَعمل؟
ayna ta'mal?

What do you do?

ماذا تفعَلُ في الحياة؟
maatha taf'alu fe-l-hayaat?

Do you work/study?

هل تَعمل/تَدرُس؟
hal ta'mal/tadrus?

I'm self-employed.

أنا عامِلٌ حُرّ.
ana 'aamelun hurr.

I'm unemployed.

أنا عاطِلٌ عن العَمَل.
ana 'aatelun 'an-el-'amal.

I'm at university.

أنا طالبٌ في الجامعة.
ana taalebun fe-l-jame'a.

I'm retired.

أنا مُتقاعِد.
ana mutaqaa'ed.

I work from home.

أنا أعملُ من المَنزِل.
ana a'malu mena-l-manzel.

I work part-/full-time.

أعملُ بدوامٍ كامِل/جُزئيّ.
a'malu bedawaamen kamel/guz'ey.

I'm a/an...

أنا...
ana...

builder

عامِلُ البِناء
'aamelu-l-benaa'

chef

الطَبّاخ/الطَبّاخة
at-tabbaakh/at-tabbaakha

civil servant

عامِلٌ/عامِلةٌ في خدمةِ المُجتَمَع
'aamelun/'aamelatun fee khedmat-el-mugtama'

cleaner

عاملُ النّظافة
'aamelu-n-nathaafa

dentist

طبيب/طبيبةُ الأسنان
tabeebu/tabebatu-l-asnaan

doctor

الطّبيب/الطّبيبة
at-tabeeb/at-tabeeba

electrician

الكَهربائيّ/الكهربائيّة
al kahraba'ey/al kahraba'eyya

engineer

المُهَندس/المهندسة
al muhandes/almuhandesa

farmer

المُزارِع/المُزارِعة
al muzaare'/al muzaare'a

firefighter

رَجُلُ الإطفاء
rajulu-l-etfaa'

IT worker

تِقَنيّ/تقَنِيّةُ الحاسوب
teqaneyyu/teqaneyyatu-l-haasoub

journalist

الصّحافيّ/الصّحافِيّة
as-sahaafey/as-sahafeyya

lawyer

المُحاميّ/المُحاميّة
al muhamey/al muhameyya

mechanic

الميكانيكِيّ/الميكانيكيّة
al meekaneekey/al meekaneekeyya

nurse

المُمَرِّض/المُمَرّضة
al mumarred/al mumarreda

office worker

عامِلُ/عامِلةُ المَكتَب

'aamelu/
'aamelatu-l-maktab

plumber

السّنكرِيّة/السَنكَريّ

as-sankarey/
as-sankareyya

police officer

الشّرطِيّ/الشّرطِيّة

ash-shurtey/
ash-shurteyya

salesperson

البائع/البائعة

al ba'e'/al ba'e'a

scientist

العالِم/العالِمة

al 'aalem/al 'aalema

soldier

الجُنديّ/الجُندِيّة

al jundey/al jundeyya

teacher

المُعلّم/المُعَلّمة

al mu'allem/al mu'allema

vet

الطّبيب البَيطريّ/الطّبيبةُ البيطريّة

at-tabeebu-l-baytarey/
at-tabeebatu-l-baytareyya

waiter

النّادِل

an-naadel

waitress

النّادلة

an-naadela

I work at/in...

أنا أعملُ في...

ana a'malu fee...

business

التّجارة

at-tejaraa

company

الشّرِكة

ash-shareka

construction site

مَوقَع البناء

mawqa'u-l-benaa'

factory

المَصنَع

al masna'

government

الحُكومة

al hukouma

hospital

المُستَشفى

al mustashfaa

hotel

الفُندُق

al funduq

office

المَكتَب

al maktab

restaurant

المَطعَم

al mat'am

school

المَدرسة

al madrasa

shop

المَتجَر

al matjar

YOU SHOULD KNOW...

In Arab countries, when introducing someone with a specific occupation to another person, you should add ال (al) (meaning "the"), for example, المُحامي آدَم (al muhaamee Adam) (Adam the lawyer).

morning
الصّباح
as-sabaah

afternoon
بَعد الظُّهر
ba'du-th-thohr

evening
المساء
al masaa'

night
اللّيل
al-layl

midday
الظُّهر
ath-thuhr

midnight
مُنتَصفُ اللّيل
muntasafu-l-layl

today
اليوم
al yawm

tonight
هذا المساء
haatha-l-masaa'

tomorrow
غدًا
ghadan

yesterday
أمس
ams

What time is it?
كم السّاعة؟
kame-s-saa'a?

It's nine o'clock.
إنها السّاعةُ التّاسعة.
ennaha-s-saa'atu-t-taase'a.

It's quarter past nine.
إنّها السّاعةُ التّاسعةُ وخمسَ عشرةَ دقيقةً.
ennaha-s-saa'atu-t-taase'atu wa khamsa 'ashrata daqeeqa.

It's half past nine.
إنّها السّاعة التّاسعة والنّصف.
ennaha-s-saa'atu-t-taase'atu wa-n-nesf.

It's quarter to ten.
إنّها السّاعةُ التّاسعةُ وخمسٌ وأربعونَ دقيقة.
ennaha-s-saa'atu-t-taase'atu wa khamsun wa arba'ouna daqeeqa.

It's 10 a.m.
إنّها السّاعةُ العاشرةُ صباحًا.
ennaha-s-saa'atu-l-'aasheratu sabahan.

It's 5 p.m.
إنّها السّاعةُ الخامِسةُ مساءً.
ennaha-s-saa'atu-l-khaamesatu masa'an.

When...?
متى...؟
mata...?

... in an hour.
...خلالَ ساعة.
...khelaala saa'a.

... in half an hour.
...خلالَ نِصفِ ساعة.
...khelaala nesfe saa'a.

early
باكرًا
bakeran

late
مُتأخِّراً
muta'akhkher

soon
قريبًا
qareeban

later
لاحقًا
laaheqan

now
الآن
al aan

YOU SHOULD KNOW...

Referring to the 24-hour clock isn't common in Arabic countries.

Monday
الاثنَين
al ethnayn

Tuesday
الثّلاثاء
ath-thulaathaa'

Wednesday
الأربعاء
al arbe'aa'

Thursday
الخَميس
al khamees

Friday
الجُمعة
al jum'aa

Saturday
السّبت
as-sabt

Sunday
الأحد
al ahad

January
يَناير
yanaayer

February
فبراير
febraayer

March
مارْس
maars

April
أبريل
abreel

May
مايو
mayo

June
يونيو
younyu

July
يوليو
youlyo

August
أُغَسطُس
oghostos

September
سِبتَمبِر
sebtember

October
أوكتوبر
october

November
نوفَمبِر
noufamber

December
ديسَمبِر
desamber

---

day
اليَوم
al yawm

weekend
عُطلةُ نهايةِ الأسبوع
'utlatu nehaayate-l-usbou'

week
الأسبوع
al usbou'

fortnight
خمسة عشرَ يومًا
khamsata 'ashara yawman

month
الشّهر
ash-shahr

year
السّنة
as-sana

decade
العَقد
al 'aqd

daily
يوميّ
yawmey

weekly
أسبوعيّ
usbou'ey

fortnightly
مرّةً كلَّ أسبوعَين
marratan kulla 'osbou'ain

monthly
شهريّ
shahrey

yearly
سَنويّ
sanawey

on Mondays

أيّامُ الاثنَين

ayyamu-l-ethnayn

every Sunday

كلّ أيّامِ الأحد

kullu ayyame-l-aahad

last Thursday

الخميس الماضي

al khameesu-l-maadi

next Friday

يومُ الجُمعةِ القادم

yawmu-l-jum'aate-l-qaadem

the day after tomorrow

بعدَ غد

ba'da ghad

the day before yesterday

أوَّلُ أمس

awwalu ams

the week before

الأسبوع الماضي

al usbou'u-l-maadi

the week after

الأسبوع بعد القادِم

al usbou' ba'da-l-qaadem

in February

في فبراير

fee febraayer

in 2019

في العام أَلفَين وتسعةَ عَشَر

fe-l-'aam alfain wa tes'ata 'ashar

in the '80s

في الثّمانينيّات

fe-th-thamaniniyyaat

spring

الرّبيع

ar-rabee'

summer

الصّيف

as-sayf

autumn

الخَريف

al khareef

winter

الشّتاء

ash-shetaa'

in spring

في فصلِ الرّبيع

fee fasle-r-rabee'

in winter

في فصلِ الشّتاء

fe fasle-sh-shetaa

How's the weather?
كيفَ الطّقس؟
kayfa-t-taqs?

What's the forecast for today/tomorrow?
ما توقُّعاتُ حالة الطّقسِ لليوم/للغد؟
ma tawaqqu'aatu haalate-t-taqs lel yawm/lil ghad?

Is it going to rain?
هل ستُمطِر؟
hal satumter?

What a lovely day!
يا لهُ من نهارٍ جميل!
yaa lahu men nahaaren jameel!

What awful weather!
يا لهُ من طقسٍ سيّء!
ya lahu men taqsen sayye'!

It's sunny.
الطّقسُ مُشمِس.
at-taqsu mushmes.

It's cloudy.
الطّقسُ غائِم.
attaqsu ghaa'em.

It's misty/foggy.
الطّقسُ ضبابيّ.
attaqsu dabaabey.

It's freezing.
الطّقسُ قارِس.
at-taqsu qaares.

It's raining/snowing.
إنّها تُمطِر/ تُثلِج.
ennaha tumter/tuthlej.

It's stormy/windy.
الطّقسُ عاصِف.
at-taqsu 'aasef.

nice
جميل
jameel

hot
حارّ
haar

warm
دافِئ
daafe'

cool
مُنعِش
mun'esh

wet
مُمطِر
mumter

humid
رَطْب
ratb

mild
مُعتَدِل
mu'tadel

sun
الشّمس
ash-shams

rain
المَطر
al matar

snow
الثّلج
ath-thalj

hail
البَرَد
al barad

wind
الرّياح
ar-reyaah

gale
عاصفة
'aasefa

sandstorm
عاصِفةٌ رَمليّة
'aasefatun ramleyya

thunderstorm
عاصِفةٌ رَعديّة
'aasefatun ra'deyya

TRANSPORT | المُواصلات

You can travel to Arab countries by air and by sea. There is no rail system that links Arab countries with each other, in fact, many Arab countries do not have a railway system at all. Taxis and public buses, however, are always available.

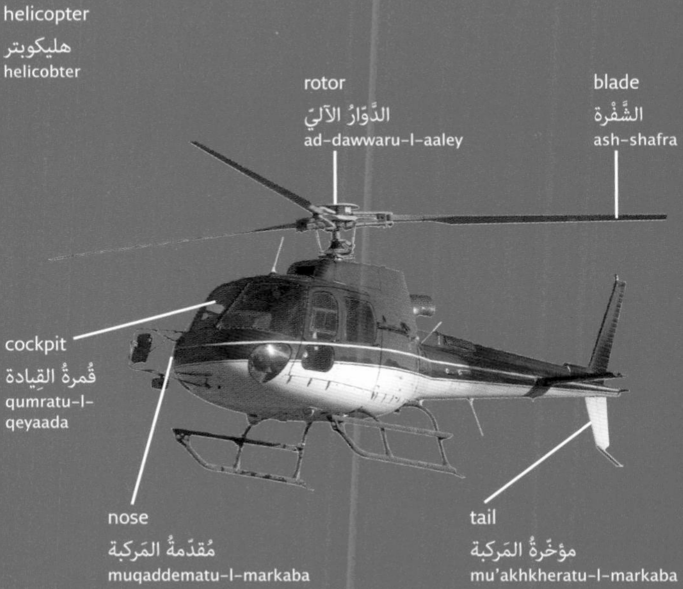

When asking for directions, it's easiest simply to state your destination, followed by لو سمَحت (law samaht). It's always most polite to use مِن فضلك (men fadlek) (for men) or من فضلكِ (men fadlekee) (for women) to address any passers-by you stop and ask.

YOU MIGHT SAY...

Excuse me...
المَعذرة...
al ma'thera...

Is it far from here?
هل المكانُ بعيدٌ من هُنا؟
hale-l-makaanu ba'eedun men huna?

Where is...?
أينَ ال...؟
ayna-l ...?

I'm lost.
أنا ضائع.
anaa daa'e'.

Which way is...?
ال...في أيّ اتّجاهٍ؟
al...fee ayye-ttegaahen?

I'm looking for...
أنا أبحثُ عن...
ana abhathu 'an...

How far away is it?
ما مدى بُعدِ المكان؟
ma mada bu'de-l-makaan?

Can I walk there?
هل يُمكِنُني المَشيُ إلى هناك؟
hal yumkenune-l mashyu ela hunaak?

YOU MIGHT HEAR...

It's over there.
إنّهُ هُناك.
ennahu hunaak.

Turn left/right.
اِنعَطِفْ يسارًا/يمينًا.
en'atef yasaaran/yameenan.

It's in the other direction.
إنّهُ في الاتّجاه الآخر.
ennahu fe-l-ettejaahe-l-aakhar.

It's next to...
إنّهُ بالقُربِ من...
ennahu belqrobe men...

It's ... metres/minutes away.
إنّهُ يبعُدُ...أمتارٍ/دقائق.
ennahu yab'udu...amtaaren/daqaa'eq.

Follow the signs for...
إتبَع الإشارات للوصولِ إلى...
etba'e-l-eshaaraate lelwosoule ela...

street
الشّارع
ash-shaare'

commuter
المُسافرُ إلى عملِهِ يوميًا
al musaaferu ela
'amalehe yawmeyyan

driver
السّائق/السّائقة
as-saa'eq/as-saa'eqa

passenger
الرّاكِب/الرّاكبة
ar-raakeb/ar-raakeba

pedestrian
المُشاة
al mushaat

traffic
حركةُ السّير
harakatu-s-sayr

traffic jam
زحمةُ السّير
zahmatu-s-sayr

rush hour
ساعةُ الذّروة
saa'atu-th-tharwa

public transport
النّقلُ العام
an-naqlu-l-'aam

taxi
سيّارةُ الأجرة
sayyaaratu-l-'ugra

taxi rank
مكانُ انتظارِ سيّاراتِ الأجرة
makaanu-ntethaare
sayyaaraate-l-'ugra

directions
الاِتّجاهات
al ettejaahaat

route
الطّريق
at-tareeq

to walk
مشى
mashaa

to drive
قادَ
qaada

to turn
اِنعطَفَ
en'atafa

to commute
مشى يوميًا إلى عملِهِ
masha yawmeyyan ela
'amalehe

to take a taxi
استقلَّ سيّارةَ أجرة
estaqalla sayyarata 'ugra

YOU SHOULD KNOW...

At pedestrian crossings, be aware that traffic lights will go straight from red to green, without an amber light to signal a change.

map
الخريطة
al khareeta

road sign
إشارةُ الطّريق
eshaaratu-t-tareeq

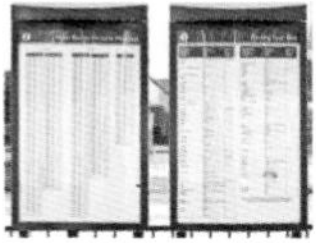

timetable
جَدولُ الوقت
gadwalu-l-waqt

Traffic drives on the right-hand side of the road in Arab countries. Remember to carry your ID, driving licence, insurance, and car registration documents with you while driving.

YOU MIGHT SAY...

Is this the road to...?
هل هذهِ هيَ الطّريقُ إلى...؟
hal haathehe heya-t-tarequ ela...?

Can I park here?
هل يُمكنُني أن أركُنَ هنا؟
hal yumkenunee an arkuna huna?

Do I have to pay to park?
هل يجبُ أن أدفعَ بدل المواقف؟
hal yajebu an adfa'a badal-l-mawaaqef?

I'd like to hire a car...
أريدُ أن أستأجرَ سيّارة...
ureedu an asta'jera sayyara...

... for 4 days/a week.
لأربعة أيّامٍ/لأسبوع...
...le'arba'ate ayyam/le'usbou'.

What is your daily rate?
ما هو سعرُكَ اليوميّ؟
maa huwa se'ruka-l-yawmey?

When/Where must I return it?
متى/إلى أينَ يجِبُ أنْ أُعيدَها؟
mataa/ela ayna yagebu an u'eedaha?

Where is the nearest petrol station?
أينَ أقربُ محطّةِ وقود؟
ayna aqrabu mahattatu wuqoud?

I'd like ... litres of fuel, please.
أريدُ...ليترات من الوَقودِ، رجاءً.
ureedu...letraat mena-l-waqoude, rajaa'an.

It's pump number...
إنّها المِضَخّةُ رقم...
ennaha-l-medakhkhatu raqm...

YOU SHOULD KNOW...

A European driving licence can be used in Arab countries if you are visiting or coming as a tourist. If you are coming to work in one of the Arab countries, you can present your European driving licence together with a letter of employment from your Arabic company at a police station, and you will get an Arabic driving licence.

YOU MIGHT HEAR...

You can/can't park here.
يُمكِنُك/لا يُمكنُكَ رَكنُ السَيارةِ هُنا.
yumkenuka/laa yumkenuka raknu-s-sayyarate huna.

It's free to park here.
المَوقفُ هُنا مجّانيّ.
al mawqafu huna maggaaney.

It costs ... to park here.
المَوقَفُ هنا ثمنُهُ...
al mawqafu huna thamanuhu...

Car hire is ... per day/week.
ثمنُ اِستِئجار السّيّارة...يوميًا/أسبوعيًا.
thamanu-s-te'jaare-s-sayyaara... yawmeyyan/usbou'eyyan.

May I see your documents, please?
هل يُمكِنني أن أرى أوراقَك، رجاءً؟
hal yumkenunee an ara awraaqaka, rajaa'an?

Please return the car with a full tank of fuel.
الرّجاءُ مَلءُ خزّانِ الوَقودِ عندَ إعادة السّيّارة.
ar-rajaa'u mal'u khazzane-l-waqoude 'enda e'aadate-s-sayyaara.

Which pump are you at?
عندَ أيّ مضَخّةٍ أنتَ؟
'enda ayye medakhkhaten anta?

How much fuel would you like?
كم تريدُ وقودًا؟
kam tureedu waqoudan?

VOCABULARY

people carrier
الحافلةُ الصّغيرة
al haafelatu-s-sagheera

SUV
سيّارةُ الدّفعِ الرُّباعيّ
sayyaratu-d-daf'e-rrubaa'ey

motorhome
سيّارةُ المنزلِ المُتنقّل
sayyaratu-l-manzele-lmutanaqqel

caravan
الكارفان
al karavan

convertible
السّيارةُ القابِلةُ لنَزعِ السّقف
as-sayyaratu-l-qaabelatu lenaz'e-s-saqf

passenger seat
مَقعدُ الرّاكب
maq'adu-r-raakeb

driver's seat
مَقعَدُ السّائق
maq'adu-s-saa'eq

back seat
المَقعدُ الخَلفيّ
al maq'adu-l-khalfey

child seat
مَقعَدُ الطفل
maq'adu-l-walad

roof rack
حمّالةُ السّقف
hammalatu-s-saqf

sunroof
فُتحةُ السّقف
futhatu-s-saqf

engine
المُحرّك
al muharrek

battery
البطّاريّة
al battareyya

brake
الفرامِل
al faraamel

accelerator
دوّاسةُ الوقود
dawwaasatu-l-waqoud

clutch
القابِض
al qaabed

air conditioning
المُكَيِّف
al mukayyef

cruise control
مُثَبِّتُ السُّرعة
muthabbetu-s-sur'a

exhaust (pipe)
العادِم
al 'aadem

fuel tank
خزّانُ الوقود
khazzaanu-l-wuqoud

gearbox
ناقلُ الحَركة
naaqelu-l-haraka

automatic
أوتوماتيك
otomatek

electric
كهربائيّ
kahrubaa'ee

hybrid
محركٌ يعملُ بالوقودِ والكهرباء
muharrekun ya'malu be-l-wuqoude wa-lkahrabaa'

Breathalyser®
فاحص النَّفَس
fahhesu-n-nafas

to start the engine
أدارَ المُحرِّك
adaara-l-muharrek

to brake
داسَ الفرامِل
daasa-l-faraamel

to overtake
تجاوزَ
tagaawaza

to park
ركنَ السّيّارة
rakana-s-sayyaara

to reverse
قادَ إلى الخلف
qaada ela-l-khalf

to accelerate
سَرَّعَ
sarra'a

to slow down
أبطأَ
abta'a

to speed
أسرَعَ
asra'a

to stop
أوقفَ
awqafa

YOU SHOULD KNOW...

It is legal to use sat navs that are able to detect speed cameras in Arab countries.

dashboard
لوحةُ القيادة
lawhatu-l-qeyaada

fuel gauge
عَدّادُ الوقود
'addadu-l-waqoud

gearstick
عصا ناقِلِ السّرعة
'asa naaqele-s-sur'a

glove compartment
صُندوقُ التّابلو
sundouqu-t-tablou

handbrake
فرامِلُ اليد
faraamelu-l-yad

headrest
مَسنِدُ الرّأس
masnedu-r-ra's

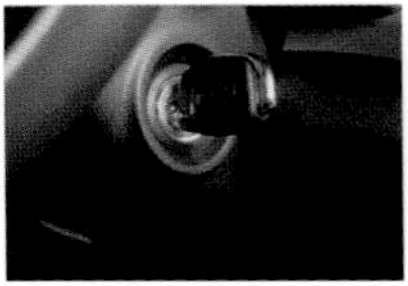

ignition
مفتاح التشغيل
muftaahu-t-tashgheel

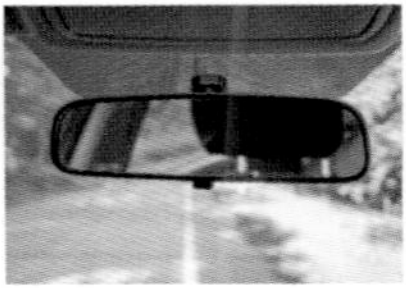

rearview mirror
المِرآةُ الخلفيّة
al mer'aatu-l-khalfeyya

sat nav
نِظامُ تحديدِ المواقع
nethamu tahdeede-l-mawaaqe'

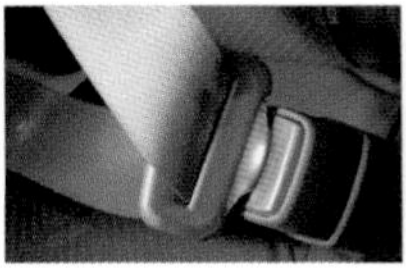

seatbelt
حزامُ الأمان
hezaamu-l-amaan

speedometer
عَدّادُ السُّرعة
'addadu-s-sur'a

steering wheel
المِقوَد
al meqwad

boot
الصُّندوقُ
as-sundouq

roof
السّقف
as-saqf

window
الشُّبّاك
ash-shubbaak

wheel
العَجَلة
al ‘ajala

door
الباب
al baab

wing
الجَناح
al janaah

tyre
إطارُ العجلة
etaaru-l-’ajala

windscreen
الزّجاجُ الأماميّ
az-zujaagu-l-amaamey

windscreen wiper
مسّاحةُ الزُّجاجِ الأماميّ
massaahatu-z-zujaaje-l-amaamey

wing mirror
المرآةُ الجانبيّة
al mer’aatu-l-jaanebeyya

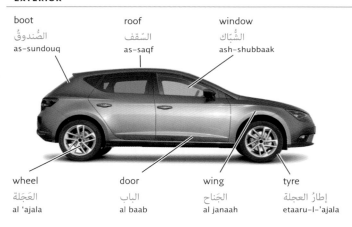

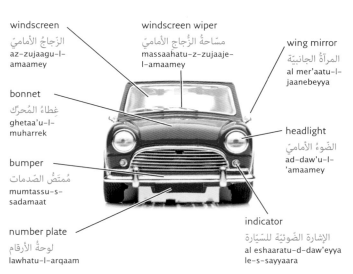

bonnet
غِطاءُ المُحرِّك
ghetaa’u-l-muharrek

headlight
الضّوءُ الأماميّ
ad-daw’u-l-’amaamey

bumper
مُمتَصُّ الصّدمات
mumtassu-s-sadamaat

indicator
الإشارة الضّوئيّة للسّيّارة
al eshaaratu-d-daw’eyya le-s-sayyaara

number plate
لوحةُ الأرقام
lawhatu-l-arqaam

The motorway system varies depending on which Arab country you are in. Dubai, for example, is the only city that has a toll-paying system on the main motorway through the city.

VOCABULARY

dual carriageway
طريق باتجاهين
tareeq-bit-tijahain

single-track road
الطّريقُ باتّجاهٍ واحد
at-tareequ be-t-tegaahen waahed

tarmac®
طريقُ الإسفلت
tareequ-l-esfalt

corner
مُلتقى شارِعَين
multaqaa shaare'ayn

exit
المَخرَج
al makhraj

slip road
طريقٌ زَلقة
tareequn zaleqa

accessible parking space
موقِفٌ خاصٌ لذوي الاحتياجاتِ الخاصّة
mawqefun khaassun lethawel-ehteyaagaate-l-khaassa

layby
اِستراحةُ الطّريق(للسّائقين)
esteraahatu-t-tareeq (le-s-saa'eqeen)

services
خدمات
khadamat

speed limit
حدودُ السُّرعة
hudoudu-s-sur'a

diversion
تحويلُ الطُّرق
tahweelu-t-toroq

driving licence
رُخصةُ القيادة
rukhsatu-l-qeyaada

car registration document
رُخصةُ السّيّارة
rukhsatu-s-sayyaara

car insurance
تأمينُ السّيّارة
ta'meenu-s-sayyaara

car hire/rental
اِستئجارُ السّيّارة
este'jaaru-s-sayyaara

unleaded petrol
وقودٌ بدونِ رصاص
wuqoudun bedoune rasaas

diesel
الدّيزل
ad-deezel

roadworks
أعمالُ الطّريق
a'maalu-t-tareeq

YOU SHOULD KNOW...

Speed limits in Arab countries are in kmph, not mph, and they vary between cities, even within the same country. In Abu Dhabi, for example, the speed limit on city roads is 60 kmph and 100 kmph on motorways, but is 140 kmph on the motorway that links Dubai with Abu Dhabi.

bridge

الجِسر

al jesr

car park

موقَفُ السّيّارات

mawqafu-s-sayyaraat

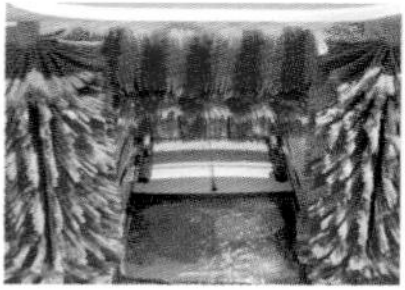

car wash

مَغسَلُ السّيارات

maghsalu-s-sayyaraat

fuel pump

مِضَخّةُ الوقود

medakhkhatu-l-waqoud

junction

وصلةُ الطّريق

waslatu-t-tareeq

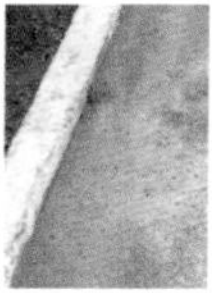

kerb

حافّةُ الرّصيف

haaffatu-r-raseef

lane

مَسار

masaar

level crossing

تقاطُعٌ على مستوىً واحد

taqaato'un 'alaa mustawan waahed

motorway

الطّريقُ السّريع

at-tareequ-s-saree'

parking meter

عدّادُ مَوقِفِ السّيارات

'addaadu mawqefe-s-sayyaaraat

parking space

مَوقِف

mawqef

pavement

الرّصيف

ar-raseef

petrol station

محطّةُ الوقود

mahattatu-l-waqoud

pothole

الحُفرة

al hufra

road

الطّريق

at-tareeq

roundabout

الدّوّار

ad-dawwaar

speed camera

جهازُ ضبطِ السّرعة

gehaazu dabte-s-sur'a

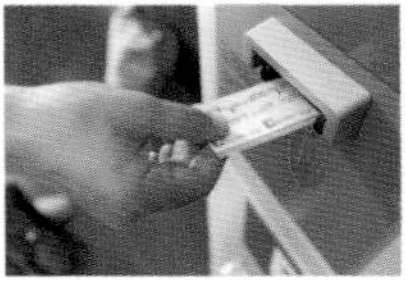

ticket machine

جِهازُ دفعِ المواقف

gehaazu daf'e-l-mawaaqef

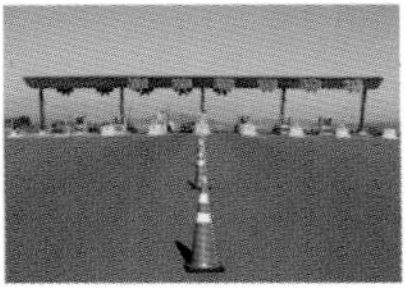

toll point

نُقطةُ دفعِ الرّسوم

noqtatu daf'e-r-rusoum

traffic cone

حاجزُ المرور

haajezu-l-murour

traffic lights

إشاراتُ المُرور

eshaaraatu-l-murour

traffic warden

شُرطيُّ السّير

shurteyyu-s-sayr

tunnel

النّفق

an-nafaq

zebra crossing

منطقةُ عُبورِ المُشاة

mentaqatu 'oboure-l-mushaat

YOU MIGHT SAY...

Can you help me?
هلْ يُمكِنُكَ مُساعدتي؟
hal yumkenuka musaa'adate?

I've broken down.
تعطّلَتْ سيّارتي.
ta'attalat sayyaarati.

I've had an accident.
تعرّضتُ لحادث.
ta'arradtu lehaadeth.

I've run out of petrol.
نفذَ منّي الوَقود.
nafatha menni-l-waqoud.

I've got a flat tyre.
لديّ عجلةٌ مثقوبة.
ladayya 'ajalatun mathqouba.

I've lost my car keys.
فَقَدتُ مفاتيحَ سيّارتي.
faqadtu mafaateeha sayyaratee.

The car won't start.
السّيّارةُ لا تعمل.
as-sayyaaratu laa tadour.

There's a problem with...
هُناكَ مُشكلةٌ في...
hunaaka mushkelatun fee...

Is there a garage/petrol station nearby?
هل هُناكَ مكانُ تصليحٍ قريبٍ/محطّةُ وقودٍ قريبة؟
hal hunaaka makanu tasleehen qareeb/mahattatu waqouden qareeba?

Can you tow me to a garage?
هلْ يُمكِنُكَ سحبي إلى مكانِ تصليح؟
hal yumkenuka sahbee ela makane tasleeh?

How much will a repair cost?
كَم يُكلِّفُ تصليحُها؟
kam yukallefu tasleehuha?

When will the car be fixed?
متى ستكونُ السّيّارة قد تمّ تصليحُها؟
mataa satakunu-s-sayyaaratu qad tamma tasleehuha?

May I take your insurance details?
هل يُمكِنني الحصولُ على تفاصيلِ تأمين السّيّارة؟
hal yumkenune-l-husoulu 'ala tafaseele ta'meene-s-sayyaara?

YOU SHOULD KNOW...

If you break down on the motorway, there are different numbers to call, depending on which Arab country you are in. It is best to familiarize yourself with the appropriate emergency number.

YOU MIGHT HEAR...

Do you need any help?

هل تحتاجُ مُساعَدة؟

hal tahtaagu musaa'ada?

Are you hurt?

هل تأذّيتَ؟

hal ta'aththayta?

What's wrong with your car?

ما مُشكلةُ سيّارَتِك؟

maa mushkelatu sayyaratek?

Where have you broken down?

أينَ تعطّلَتْ سيّارتُك؟

ayna ta'attalat sayyaratuk?

The repairs will cost...

تصليحُ ذلك ثمَنُهُ...

tasleehu thaaleka thamanuhu...

We need to order new parts.

نحتاجُ طلبَ قطعٍ جديدة.

nahtaagu talaba qeta'en gadeeda.

The car will be ready by...

ستكونُ السّيّارةُ جاهزةً عندَ...

satakounu-s-sayyaratu gaahezatan 'enda...

I need your insurance details.

أريدُ تفاصيلَ تأمينِ سيّارتِك.

ureedu tafaseela ta'meene sayyaaratek.

VOCABULARY

accident

الحادِث

al haadeth

breakdown

العُطْل

al 'otl

collision

تصادُم

tasaadum

flat tyre

عجلةٌ مثقوبة

ajalatun mathqouba

to change a tyre

غيّر العجلة

ghayyara-l-'agala

to tow

سحَبَ

sahaba

airbag

كيسُ الهواء

keesu-l-hawaa'

antifreeze

سائلُ منعِ التّجمّد

saa'elu man'e-t-tajammud

emergency phone

هاتفُ الطّوارئ

haatefu-t-tawaare'

garage

مكانُ التّصليح

makaanu-t-tasleeh

hi-viz vest

سُترةُ السّلامة

sutratu-s-salama

jack

الرّافعة

ar-raafe'a

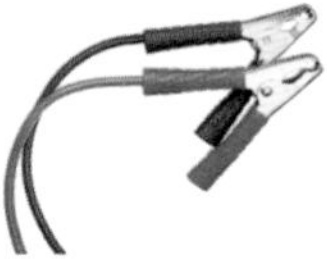

jump leads

أسلاكُ الشّحن.

aslaaku-sh-shahn

mechanic

فنّيُّ تصليحِ السّيّارات

fanneyyu tasleehe-s-sayyaaraat

snow chains

سلاسِلُ الثّلج

salaaselu-th-thalj

spare wheel

العجلةُ الإضافيّة

al 'ajalatu-l-edaafeyya

tow truck

شاحنةُ السّحب

shaahenatu-s-sahb

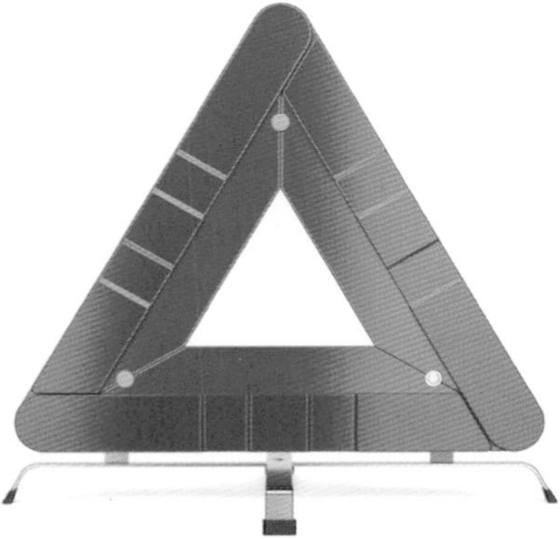

warning triangle

مُثلّثُ التّحذير

muthallathu-t-tahtheer

Bus travel is often well-organized, useful, and cheap, with services that connect cities and even countries.

YOU MIGHT SAY...

Is there a bus to...?
هل هُناكَ باص مُتَّجِهٌ إلى...؟
hal hunaaka baasun muttagehun ela...?

When is the next bus to...?
متى موعدُ الباصِ التّالي إلى...؟
mata maw'edu-l-baase-t-taalee ela...?

Which bus goes to the city centre?
أيُّ باصٍ يذهبُ إلى وسطِ المدينة؟
ayyu baasen yathhabu ela wasate-l-madeena?

Where is the bus stop?
أين محطّةُ وقوفِ الباص؟
ayna mahattatu wuqoufe-l-bas?

Which stand does the coach leave from?
من أيّةِ مِنصّةٍ تُغادرُ حافلةُ السّفرِ الطّويل؟
men ayyate menassaten tughaaderu haafelatu-s-safare-t-taweel?

Where can I buy tickets?
مِن اينَ يُمكِنني شراءُ التّذاكِر؟
men ayna yumkenunee sheraa'u-t-tathaaker?

How much is it to go to...?
كم تكلفةُ الرّحلةِ إلى...؟
kam taklefatu-r-rehlate ela...?

Could you tell me when to get off?
هل يمكنُكَ أن تُخبرَني متى يجبُ أن أنزلَ؟
hal yumkenuka an tukhberanee mata yagebu an anzela?

How many stops is it?
كمْ مرّةً سيتمُّ التّوقّف؟
kam marratan sayatemmu-t-tawaqquf?

I want to get off at the next stop, please.
أريدُ النّزولَ في المحطّة القادمة، رجاءً.
ureedu-n-nuzoula fe-l-mahattate-l-qaadema, rajaa'an.

YOU SHOULD KNOW...

Most of the bus systems in Arab countries do not require you to buy a ticket beforehand. In Jordan, for example, you can simply pay the driver as you leave the bus. However, in Dubai, you need to validate a travel card before you board the bus.

YOU MIGHT HEAR...

The number 17 goes to...
الباص رقمُ 17 يتّجهُ إلى...
al baasu raqmu sab'ata 'ashar yattagehu ela...

It leaves from stand 21.
يغادر من المنصة رقم 21.
yughaaderu mena-l-manassa-l-haadeyate wa-l-'eshreen.

There's a bus every 10 minutes.
هُناكَ باصٌ كلَّ عشرِ دقائق.
hunaaka baasun kulla 'ashre daqaa'eq.

You buy tickets at the machine/office.
يمكِنُكَ شراءُ التّذكَرة من الجهاز/مكتبِ التّوزيع.
yumkenuka sheraa'u-t-tathkarate mena-l-gehaaz/maktabe-t-tawzee'.

VOCABULARY

bus
الباص
al baas

bus station
محطّةُ الحافلة
mahattatu-l-haafela

bus stop
نُقطةُ توقُّفِ الباص
nuqtatu tawaqqufe-lbaas

bus pass
بِطاقةُ الباص
betaaqatu-l-haafela

fare
السّعر
as-se'r

wheelchair access
مُخصّص لذوي الاحتياجات الخاصّة
mukhassasun lethawe-l-ehteyaagaate-l-khaassa

shuttle bus
الحافلةُ المَكّوكيّة
al haafelatu-l-makkoukeyya

school bus
الحافلةُ المَدرسيّة
al haafelatu-l-madraseyya

to catch the bus
لَحِقَ بالباص
laheqa be-l-baas

coach
حافلةُ السّفرِ الطّويل
haafelatu-s-safare-taweel

double-decker bus
باصٌ بطابِقَين
baasun betaabeqayn

minibus
الباصُ الصّغير
al baasu-s-sagheer

VOCABULARY

motorcyclist
سائقُ/سائقةُ الدّرّاجةِ النّاريّة
saa'equ/saa'eqatu-d-darragate-n-naareyya

moped
درّاجةٌ بمحرّكٍ صغير
darragatun bemuharreken sagheer

scooter
الدّرّاجة الصّغيرة
ad-darraaga-s-saghera

fuel tank
خزّانُ الوقود
khazzanu-lwaqoud

handlebars
المِقود
al meqwad

mudguard
واقي العجلة
waaqe-l-'ajala

kickstand
المَسْنَد
al masnad

exhaust pipe
ماسورةُ العادم
maasouratu-l-'aadem

YOU SHOULD KNOW...

Motorcyclists must wear hi-viz clothing and helmets with reflective elements.

boots
حذاءُ الدّرّاجةِ النّاريّة
hethaa'u-d-darragate-n-naareyya

crash helmet
الخوذة
al khoutha

helmet cam
كاميرا الخوذة
kamera-l-khoutha

leather gloves
القُفّازاتُ الجلديّة
al quffaazaatu-l-geldeyya

leather jacket
السُّترةُ الجِلديّة
as-sutratu-l-geldeyya

motorbike
الدّرّاجةُ النّاريّة
ad-darraagatu-n-naareyya

There are railway lines in only ten of the Arab countries: Syria, Iraq, Jordan, Saudi Arabia, Sudan, Egypt, Tunisia, Algeria, Morocco, and Mauritania. Most railway lines are single track.

YOU MIGHT SAY...

Is there a train to...?
هل هُناكَ قطارٌ مُتجهٌ إلى...؟
hal hunaaka qetaarun muttajehun ela...?

When is the next train to...?
متى القِطارُ التّالي إلى...؟
mata-l-qetaaru-t-taalee ela...?

Where is the nearest metro station?
أينَ أقربُ محطّةِ مترو؟
ayna aqrabu mahattate metro?

Which platform does it leave from?
من أيّ رصيفٍ يُغادرُ القِطار؟
men ayye raseefen yughaaderu-l-qetaar?

Which line do I take for...?
أيّ خطٍّ من خطوطِ القِطار يجبُ أن أستقلَّ للوصولِ إلى...؟
ayyu khatten men khutoute-l-qetaare yagebu an astaqella lelwosoule ela...?

A single/return ticket to ..., please.
أريدُ تذكرةَ رحلةٍ واحدة/ذهابٌ وإيابٌ إلى...رجاءً.
ureedu tathkarata rehlaten waaheda/ thahaabun wa eyabun ela..., ragaa'an.

I'd like to reserve a seat, please.
أريدُ حجزَ مقعدٍ، رجاءً.
ureedu hajza maq'aden, rajaa'an.

Do I have to change?
هل يجبُ أنْ أغيّر القطارَ إلى آخر؟
hal yajebu an ughayyera-l-qetaara ela 'aakhar?

Where do I change for...?
أينَ يجبُ أن أغيّرَ القطارَ إلى ...؟
ayna yajebu an ughayera-l-qetaara ela...?

Where is platform 4?
أينَ الرّصيفُ رقم 4؟
ayna-r-raseefu raqm arba'a?

Is this the train for...?
هل هذا هو القطارُ المُتّجهُ إلى...؟
hal haatha huwa-l-qetaaru-l-muttagehu ela...?

Is this seat free?
هل هذا المَقعدُ شاغر؟
hal haatha-l-maq'adu shaagher?

Where is the restaurant car?
أينَ مقصورةُ الطّعام؟
ayna maqsouratu-t-ta'aam?

I've missed my train!
لقد فاتني القِطار!
laqad faatane-l-qetaar!

YOU MIGHT HEAR...

The next train leaves at...
القطارُ التّالي سيُغادرُ عند...
al qetaaru-t-taalee sayughaaderu 'enda...

Would you like a single or return ticket?
هل تريدُ تذكرةً لرحلةٍ واحدةٍ أم ذهابٍ وإياب؟
hal tureedu tathkaratan lerehlaten waahedaten am thahaaben wa eyaab?

I'm sorry, this journey is fully booked.
أنا آسف، هذه الرّحلة محجوزةٌ بالكاملِ.
ana aasef, haathehe-r-rehlatu mahjouzatun be-l-kaamel.

You must change at...
يجبُ أن تُغيّرَ المحطّةَ عندَ...
yagebu an tughayyera-l-mahattata 'enda...

Platform 4 is down there.
الرّصيفُ رقمُ 4 هو هُناك.
ar-raseefu raqmu arba'a huwa hunaak.

You have to go to platform 2.
يجبُ أن تذهبَ إلى الرّصيفِ رقم 2.
yajebu a tathhaba ela-r-raseefe raqme-thnayn.

This seat is free/taken.
هذا المقعدُ شاغرٌ/محجوزٌ.
haatha-l-maq'adu shaagherun/ mahjouz.

The restaurant car is in coach D.
مقصورةُ الطّعامِ هي في المقطورةِ د.
maqsouratu-t-ta'aame heya fe-l-maqtourate D.

The next stop is...
المحطّةُ القادمة هي...
al mahattatu--qaadema heya...

Change here for...
بدّلِ القطارَ هُنا للذّهابِ إلى...
baddele-l-qetaara huna le-th-thahaabe ela...

VOCABULARY

rail network
شبكةُ السّككِ الحديديّة
shabakatu-s-sekake-lhadeedeyya

high-speed train
القطارُ السّريع
al qetaaru-s-saree'

passenger train
قِطارُ الرُّكّاب
qetaaru-r-rukkaab

freight train
قطارُ الشّحن
qetaaru-sh-shahn

sleeper train
مقصورةُ النّوم
maqsouratu-n-nawm

quiet coach
المقطورةُ الهادئة
al maqtouratu-l-haade'a

coach
المقطورة
al maqtoura

line
الخطّ
al khatt

left luggage
مكانُ حِفظِ المتعة
makaanu hefthe-l-amte'a

e-ticket

التّذكرةُ الإلكترونيّة

at-tathkeratu-lelektroneyya

single ticket

تذكرةُ رحلةٍ واحدة

thakaratu rehlaten waaheda

return ticket

تذكرةُ رحلةِ ذهابٍ وإياب

tathkaratu rehlate thahaaben wa eyaaben

railcard

بطاقةُ القطار

betaaqatu-l-qetaar

first-class

الدّرجةُ الأولى

ad-darajatu-l-'oula

seat reservation

حجزُ المقعَد

hajzu-l-maq'ad

porter

الحَمّال

al hammaal

train conductor

مسؤولُ خدَماتِ التّشغيلِ والسّلامة

mas'oulu khadamaate-t-tasgheele wa-s-salaama

guard

حارسُ القِطار

haaresu-l-qetaar

to change trains

غيّرَ القطارَ إلى آخر

ghayyara-l-qetaara ela aakhar

to validate a ticket

فعّلَ التّذكرة

fa'ala-t-tathkara

YOU SHOULD KNOW...

Dubai has the world's longest driverless rail system and largest metro station.

carriage

العربة

al 'araba

departure board

لوحةُ أوقاتِ الرّحلاتِ المُغادرة

lawhatu awqate-r-rahalaate-l-mughaadara

freight train

قطارُ الشّحن

qetaaru-sh-shahn

locomotive

القِطارُ البُخاريّ

al qetaaru-l-bukhaarey

luggage rack

رفُّ الحقائب

raffu-l-haqaa'eb

metro

المترو

al metro

metro station

محطّة المترو

mahattatu-l-metro

platform

الرّصيفُ

ar-raseefu

restaurant car

مقصورةُ الطّعام

maqsouratu-t-ta'aam

ticket

التّذكِرة

at-tathkera

ticket barrier

حاجزُ التّذاكر

haajezu-t-tathaaker

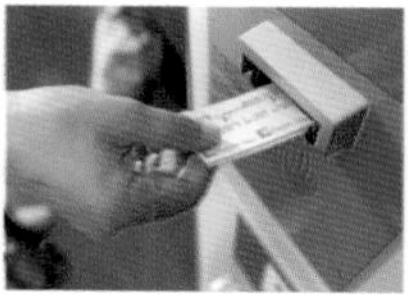

ticket machine

جِهازُ التّذاكر

gehaazu-t-tathaaker

ticket office

مكتبُ التّذاكر

maktabu-t-tathaaker

track

السّكّةُ الحديديّة

as-sekkatu-l-hadeedeyya

train

القطارُ السّريع

al qetaaru-s-saree'

tram

التّرام

at-traam

tram stop

محطّةُ التّرام

mahattatu-t-traam

validation machine

جهازُ تفعيلِ التّذكرة

gehaazu taf'eele-t-tathkara

AIR TRAVEL | السَّفَرُ بالطَّائِرة

YOU MIGHT SAY...

I'm looking for check-in/my gate.
أَبحثُ عن مكان التَّسجيل لرحلتي/بوّابة رحلتي.
abhathu 'an makaane-t-tasgeele lerehlatee/bawwaabate rehlatee.

I'm checking in one case.
سَأُسجِّل حقيبة واحدة.
sa'usajjelu haqeebatan waaheda.

Which gate does the plane leave from?
من أيِّ بوّابةٍ سَتُغادِرُ الطَّائرة؟
men ayye bawwaabaten satughaaderu-t-taa'era?

When does the gate open/close?
متى سَتُقفلُ/تفتحُ البوّابة؟
mata satuqfelu/taftahu-l-bawwaaba?

Is the flight on time?
هل الرِّحلةُ في الموعِد المحدَّد؟
hale-r-rehlatu fe-l-maw'ede-l-muhaddad?

I would like a window/aisle seat, please.
أُريدُ مقعدًا بجانب الشُّبّاك/المَمَرّ، رجاءً.
ureedu maq'adan bejaanebe-sh-shubbaak/al mamarr, rajaa'an.

I've lost my luggage.
أضعتُ حقيبتي.
ada'tu haqeebatee.

My flight has been delayed.
تأخَّرتْ رحلتي.
ta'akhkharat rehlatee.

I've missed my connecting flight.
فاتَتني رحلتي.
faatatnee rehlatee.

Is there a shuttle bus service?
هل خدمةُ التَّوصيل بالباص مُتوفِّرة؟
hal khedmatu-t-tawseele be-l-haafelate mutawaffera?

YOU MIGHT HEAR...

May I see your passport, please?
هل يُمكِنني أن أرى جوازَ سفرِكَ، رجاءً؟
hal yumkenunee an 'ara gawaaza safareka, ragaa'an?

How many bags are you checking in?
كم عددُ الحقائبِ الَّتي ستسجِّلُها لدخول الطَّائرة؟
kam 'adadu-l-haqaa'ebe-l-latee satusaggeluha ledukhoule-t-taa'era?

Your luggage exceeds the maximum weight.
حقيبتُكَ تخطَّتِ الوزنَ المسموح به.
haqeebatuka takhattate-l-wazna-l-masmouha beh.

Please go to gate number...
رجاءً إذهبْ إلى البوّابة رقم...
rajaa'an 'ethhab 'ela-l-bawwaaba raqm...

YOU MIGHT HEAR...

Your flight is on time/delayed.
رحلتُك في موعدِها المُحدّد/مُتأخّرة.
rehlatuka fee maw'eduha-l-muhaddad/muta'akhkhera.

Flight ... is now ready for boarding.
سيبدأُ صعودُ الرّكّاب إلى الطائرة...
sayabda'u su'oudu-r-rukkaabe elaa-taa'erate...

Is this your bag?
هل هذه حقيبَتُك؟
hal haahehe haqeebatuk?

Last call for passenger...
النّداءُ الأخير للرّاكب...
an-nedaa'u-l-'akheer le-r-raakeb...

VOCABULARY

aeroplane
الطّائرة
at-taa'era

airline
شركةُ الطّيران
sharekatu-t-tayaraan

terminal
مبنى السّفر
mabna-s-safar

Arrivals/Departures
القادمون/المُغادرون
alqadimoon/al mughaaderoun

security
أمنُ المطار
amnu-l-mataar

passport control
تدقيقُ الجوازات
tadqeequ-l-jawaazaat

customs
الجمارِك
al jamaarek

cabin crew
طاقمُ الطّائرة
taaqamu-t-taa'era

business class
الدّرجةُ الأولى
ad-darajatu-l-'oula

economy class
الدّرجةُ السّياحيّة
ad-darajatu-s-seyaaheyaa

cabin
المقصورة
al maqsoura

seatbelt
حزامُ الأمان
hezaamu-l-'amaan

hold
مكانُ تخزينِ الأمتعة في الطّائرة
makaanu takhzene-l-'amte'a fe-t-taa'era

hold luggage
الأمتعةُ المُخزّنةِ في الطّائرة
al 'amte'atu-l-mukhazzanate fe-t-taa'era

hand luggage
أمتعِةُ اليد
'amte'atu-l-yad

connecting flight
الرّحلةُ الرّابطة
ar-rehlatu-r-raabeta

jetlag
اِختلافُ التّوقيت
ekhtelaafu-t-tawqeet

to check in (online)
تسجيلُ دخولِ الطّائرة (عبرَ خدمة الانترنت)
tasjeelu dukhoule-t-taa'era ('abra khedmate-l-enternet)

airport

المَطار

al mataar

baggage reclaim

حِزامُ نقلِ الأمتعة

hezaamu naqle-l-'amte'a

boarding card

تذكرةُ الصّعودِ إلى الطّائرة

tathkaratu-s-so'oude ela-t-taa'era

check-in desk

مكتبُ تسجيلِ الدّخول

maktabu tasjeele-d-dukhoul

cockpit

مقصورةُ الطّيّار

maqsouratu-t-tayyaar

departure board

لوحةُ أوقاتِ الرّحلاتِ المُغادرة

lawhatu awqate-r-rahalaate-l-mughaadara

duty-free shop

متاجرُ السّوقِ الحُرّة

mataajeru-s-souqe-l-hurra

luggage trolley

عربةُ الأمتعة

'arabatu-l-'amte'a

passport

جوازُ السّفَر

gawaazu-s-safar

pilot

قائدُ الطّائرة

qaa'edu-t-taa'era

runway

مُدرَّجُ الطّائرات

mudarragu-t-taa'eraat

suitcase

حقيبةُ السّفر

haqeebatu-s-safar

EXTERIOR

wing	nose	tail
الجَناح	المُقَدّمة	الذّيل
al janaah	al muqaddema	ath-thayl

engine	fuselage	landing gear
المُحرّك	جِسمُ الطّائرة	العَجلات
al muharrek	jesmu-t-taa'era	al 'ajalaat

INTERIOR

seat	tray table	overhead locker
المِقعَد	طاولةُ الطّعام	الخِزانةُ العُلويّة
al meq'ad	taawelatu-t-ta'aam	al khezaanatu-l-'olweyya

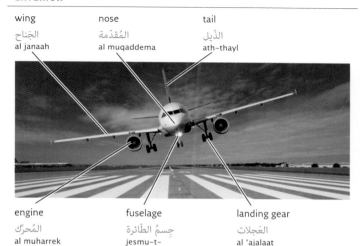

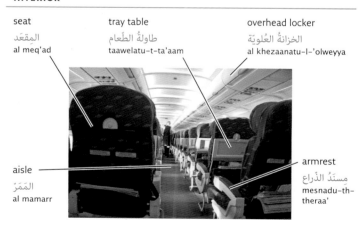

aisle
المَمَرّ
al mamarr

armrest
مِسنَدُ الذّراع
mesnadu-th-theraa'

There are many ferry ports linking Arabic cities: for example, you can take a boat from Aqaba in Jordan to Nuweiba in Egypt, or from Muscat to Musandam in Oman.

YOU MIGHT SAY...

When is the next boat to...?
متى موعدُ القاربِ التّالي إلى...؟
mata maw'edu-l-qaarebe-t-taalee 'ela...?

Where does the boat leave from?
مِن أينَ يُغادرُ القارب؟
men ayna yughaaderu-l-qaareb?

What time is the last boat to...?
متى موعِدُ القاربِ الأخيرِ إلى...؟
mata maw'edu-l-qaarebe-l-'akheere 'ela...?

How long is the trip/crossing?
كم مُدّةُ الرّحلة/العُبور؟
kam muddatu-r-rehla/al 'obour?

How many crossings a day are there?
كم عددُ مرّاتِ عُبورِ القاربِ يوميّا؟
kam 'adadu marraate 'oboure-l-qaarebe yawmeyyan?

How much for ... passengers?
كمْ تكلِفةُ...رُكّاب؟
kam taklefau...rukkaab?

How much is it for a vehicle?
كمْ تكلفةُ نَقلِ السّيّارة؟
kam taklefatu naqle-s-sayyaara?

I feel seasick.
أُعاني مِن دُوارِ البَحر.
'u'aanee men duwaare-l-bahr.

YOU MIGHT HEAR...

The boat leaves from...
المَركبُ يُغادرُ من...
al markabu yughaaderu men...

The trip/crossing lasts...
الرّحلةُ/العُبورُ يدومُ...
ar-rehlatu/al 'obouru yadoum...

The ferry is delayed/cancelled.
العبّارةُ متأخّرةٌ/مُلغاة.
al 'abbaratu muta'akhkheratun/mulghaatt.

Sea conditions are good/bad.
حالةُ البَحرِ جيّدة/سيّئة.
haalatu-l-bahre jayyeda/sayye'a.

YOU SHOULD KNOW...

You can cruise around Dubai on the famous Dubai ferry. You can also use public water transport to travel from one area to another in the city of Dubai.

VOCABULARY

ferry crossing
عُبورُ العبّارة
'obouru-l-'abbaara

ferry terminal
محطّةُ العبّارات
mahattatu-l-'abbaaraat

foot passenger
المُسافِرُ على الأقدام
al musaaferu 'ala-l-aqdaam

deck
سطحُ السّفينة
sathu-s-safeena

car deck
السّطحُ العُلويّ للسّفينة
as-satheu-l-'ulweyye le-s-safeena

porthole
النّافِذة
an-naafetha

harbour
المَرفأ
al marfa'

port
المَرفَأ
al marfa'

marina
المَرسى
al marsaa

jetty
رصيفُ الميناء
raseefu-l-menaa'

pier
رصيف بحري
raseefun bahrey

canal
القناة
al qanaat

lock
القِفل
al qefl

coastguard
خَفرُ السّواحِل
khafru-s-sawaahel

lifeboat
قارِبُ النّجاة
qaarebu-n-najaat

captain
قائدُ/قائدةُ السّفينة
qaa'edu/qaa'edatu-s-safeena

crew
الطّاقَم
at-taaqam

to board
صعدَ على المَتن
sa'ada 'ala-l-matn

to sail
أبحرَ
abhara

to dock
ربطَ السّفينة
rabata-s-safeena

GENERAL

anchor
المِرساة
al mersaat

buoy
العَوّامة
al 'awwaama

gangway
سُلّمُ السّفينة
sullamu-s-safeena

lifebuoy

طوقُ النّجاة

tawqu-n-najaat

lifejacket

سُترةُ الإنقاذ

sutratu-l-enqaath

mooring

مَربطُ السُّفُن

marbatu-s-sufun

BOATS

Arabic wooden boat

القاربُ الخشبيّ

al qaarebu-l-khashabey

ferry

العَبّارة

al 'abbaara

inflatable dinghy

زورقٌ قابلٌ للنّفخ

zawraqun qaabelun le-n-nafkh

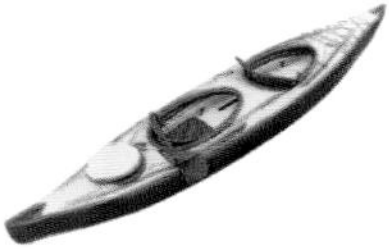

kayak

قاربُ الكاياك

qaarebu al kayaak

liner

باخرةُ الرُّكّاب

baakheratu-r-rukkaab

rowing boat

قاربُ التّجديف

qaarebu-t-tagdeef

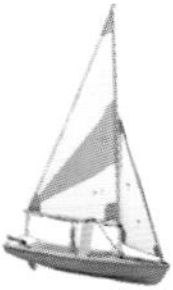

sailing boat

المركبُ الشّراعِيّ

al markabu-sh-sheraa'ey

trawler

سفينةُ الصّيد

safeenatu-s-sayd

yacht

اليَخت

al yakht

IN THE HOME | في البَيت

Some Arab countries attract large numbers of tourists looking for a place to call home, whether it's for a holiday or for a longer-term stay. This could be either a central city apartment like in Dubai, Amman, or Cairo, or a cosy hut in a rural spot in the Lebanese, Omani, Tunisian, or Moroccan countryside.

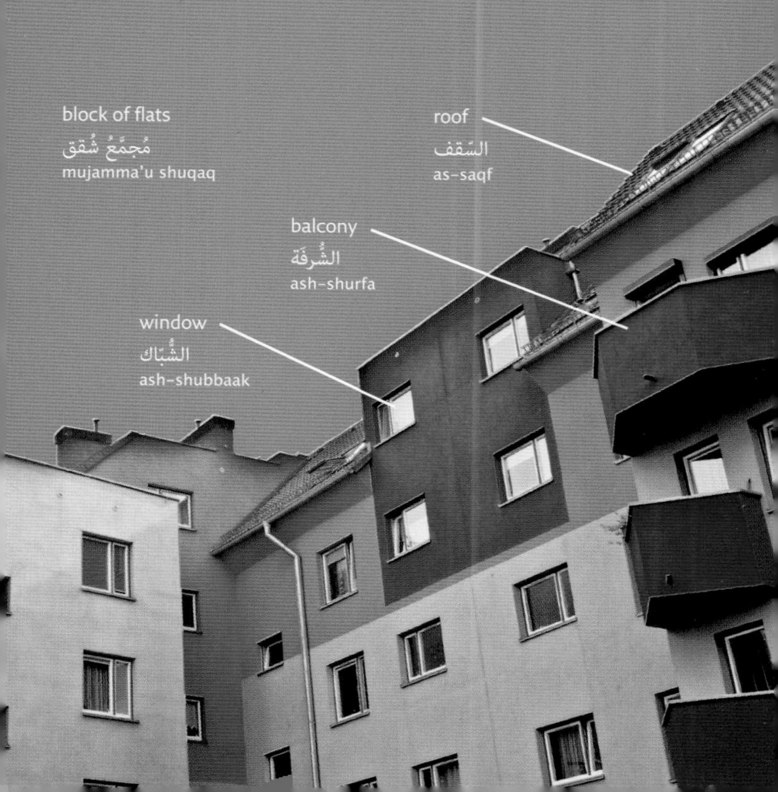

Most of the population in the Arab countries live in urban areas, although it's quite common for people to head out of the city for a weekend in the country, or stay on a farm in the desert.

YOU MIGHT SAY...

I live in...
أعيشُ في...
a'eeshu fee...

I'm staying at...
أقيمُ في...
uqeemu fee...

My address is...
عُنواني هو...
'unwaanee huwa...

I have a flat/house.
عندي شُقّة/بيت.
'endee shuqqa/bayt.

I'm the homeowner/tenant.
أنا المالِك/المُستأجِر.
ana-l-maalek/al musta'ger.

I'm moving to...
أنتقلُ إلى...
'antaqelu 'ela...

I don't like this area.
لا أُحِبُّ هذا المكان.
laa 'uhebbu haatha-l-makaan.

I'd like to buy/rent a property here.
أودُّ شراء/استِئجارَ عقارٍ هُنا.
'awaddu sheraa'a/este'jaara 'eqaaren huna.

YOU MIGHT HEAR...

Where do you live/are you staying?
أين تسكُنُ/تُقيم؟
ayna taskunu/tuqeem?

Are you the owner/tenant?
هل أنتَ المالِك/المُستَأجِر؟
hal anta-l-maalek/al musta'jer?

YOU SHOULD KNOW...

Rental agreements عَقدُ الإيجار ('aqdu-l-eejaar) can vary according to whether the property is furnished مفروشة (mafrousha) or unfurnished غيرُ مَفروشة (ghayru mafrousha).

VOCABULARY

suburb
الضّاحية
ad-daaheya

district
المِنطِقة
al mentaqa

letting agent
وكيلُ التأجير
wakeelu-t-ta'geer

estate agent
الوكيلُ العِقاريّ /الوكيلةُ العِقاريّة
al wakeelu-l-'eqaarey/
al wakeelatu-l-'eqaareyya

landlord
المالِك
al maalek

landlady
المالِكة
al maaleka

tenant
المُستأجِر/المُستأجِرة
al musta'ger/al musta'gera

mortgage
الرّهنُ العِقاريّ
ar-rahnu-l-'eqaarey

rent
الأجار
al 'agaar

holiday let
أماكِنُ الإجازات
'amaakenu-l-'egaazaat

to rent
اِستأجَرَ
'esta'gara

to own
تملّكَ
tamallaka

TYPES OF BUILDING

bungalow
البيتُ ذو الطّابقِ الواحد
al baytu thu-t-taabeqe-l-waahed

farmhouse
بيتُ المَزرعة
baytu-l-mazra'a

studio flat
الشّقّة الصّغيرة المفتوحة
ash-sheqqa-s-sagheera-l-maftouha

traditional Arabian villa
فيلّا عربيّة
villa 'arabeyya

traditional Egyptian house
البيتُ المصريّ
al baytu-l-masrey

traditional Lebanese house
البيتُ اللّبنانيّ
al baytu-l-lubnaaney

YOU MIGHT SAY...

There's a problem with...
هُناكَ مُشكلةٌ في...
hunaka mushkelatun fee...

It's not working.
هذا لا يعمل.
haatha laa ya'mal.

The drains are blocked.
مجاري المياهِ مسدودة.
majaare-l-meyaahe masdouda.

The boiler has broken.
السّخّانُ لا يعمل.
as-sakhkhaanu laa ya'mal.

There's no hot water.
ليسَ هُناكَ ماءٌ ساخِن.
laysa hunaaka maa'un saakhen.

We have a power cut.
لدينا عُطلٌ كهربائيّ.
ladayna 'otlun kahrabaa'ey.

I need a plumber/an electrician.
أحتاجُ لسبّاك/كهربائيّ.
ahtaagu lesabbaak/kahrabaa'ey.

Can you recommend anyone?
هل تنصَحُ بأحد؟
hal tansahu be'ahad?

Can it be repaired?
هل يُمكِنُ إصلاحُها؟
hal yumkenu 'eslaahuhaa?

I can smell gas/smoke.
أشمُّ رائحةَ غاز/دُخان.
'ashummu raa'ehata ghaaz/dukhaan.

YOU MIGHT HEAR...

What seems to be the problem?
ما المُشكلة؟
ma-l-mushkela?

How long has it been broken/leaking?
مُنذُ متى وهذا مُعطّلٌ/يسرّبُ الماء؟
munthu mata wa haatha mu'attalun/yusarrebu-l-maa'?

Where is the meter/fusebox?
أينَ العدّاد/صندوقُ الفيوزات؟
'ayna-l-'addaad/sundouqu-l-fyuzaat?

Here's a number for a plumber/an electrician.
هذا رقمُ السّبّاك/الكهربائيّ.
haatha raqmu-s-sabbaak/al kahrabaa'ey.

apartment block
المَبنى السّكنيّ
al mabna-s-sakaney

flat/apartment
الشّقّةُ السّكنيّة
ash-sheqqatu-s-sakaneyya

townhouse
المنزِلُ مُتعدّدُ الطّبقات
al manzelu muta'addedu-t-tabaqaat

room
الغُرفة
al ghorfa

building
المبنى
al mabna

cellar
السّرداب
as-serdaab

attic
العُلّيّة
al 'ulleyya

balcony
شُرفة
shurfa

porch
الرّواق
ar-ruwaaq

back door
البابُ الخَلفيّ
al baabu-l-khalfey

French windows
البابُ بنافذةٍ زُجاجيّة
al baabu benaafethaten zujaajeyya

skylight
المنور
almanwar

dormer
النّافِذةُ النّاتِئة
an-naafethatu-n-naate'a

floor
الأرضيّة
al ardeyya

wall
الحائط
al haa'et

ceiling
السّقف
as-saqf

battery
البطّاريّة
al battaareyya

plug
السلك الكهربائي
a-s-silku alkahrabaey

adaptor
المُحوّل
al muhawwel

socket
القابِس
al qaabes

electricity
الكَهرباء
al kahrabaa'

plumbing
السّباكة
as-sebaaka

central heating
التّدفِئةُ المَركزيّة
at-tadfe'atu-l-markazeyya

satellite dish
الصّحنُ اللاّقِط
as-sahnu-l-laaqet

leak
تسرّبُ الماء
tasarrubu-l-maa'

window cleaner
مُنظّفُ الشّبابيك
munaththefu-sh-shabaabeek

to fix
أصلحَ
'aslaha

to decorate
نسّقَ الدّيكور
nassaqa-d-deekor

to renovate
حدّثَ المَسكَن
haddatha-l-maskan

YOU SHOULD KNOW...

Tradespeople in most of the Arab countries, like the UAE, Saudi, Oman, Kuwait, and Bahrain, must be insured and registered. It is the householder's responsibility to ensure that any work carried out on their property is done by a qualified supplier.

OUTSIDE

roof
السّقف
as-saqf

chimney
المِدخنة
al medkhana

aerial
الهوائيّ
al hawaa'ey

gutter
المِزراب
al mezraab

drainpipe
المِزراب
al mezraab

gable
الجَملون
al gamaloun

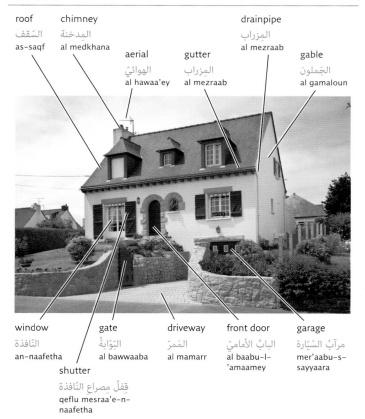

window
النّافذة
an-naafetha

shutter
قِفلُ مِصراعِ النّافذة
qeflu mesraa'e-n-naafetha

gate
البَوّابة
al bawwaaba

driveway
المَمرّ
al mamarr

front door
البابُ الأماميّ
al baabu-l-'amaamey

garage
مرآبُ السّيّارة
mer'aabu-s-sayyaara

air conditioning

مُكيِّفُ الهواء

mukayyefu-l-hawaa'

boiler

سخّانُ المياه

sakhkhaanu-l-meyaah

ceiling fan

مَروحةُ السقف

marwahatu-s-saqf

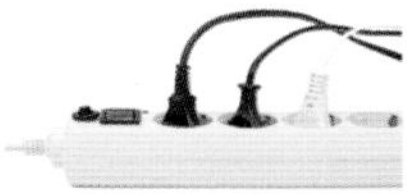

extension cable

الوَصلةُ الكهربائيّة

al waslatu-l-kahrabaa'eyya

fusebox

صندوقُ الفيوزات

sundouqu-l-fyuzaat

heater

جهازُ التّدفئة

jehaazu-t-tadfe'a

light bulb

المِصباحُ الكهربائيّ

al mesbaahu-l-
kahrabaa'ey

meter

العدّاد

al 'addaad

radiator

السّخّان

as-sakhkhaan

security alarm

جرسُ الإنذار

garasu-l-'enthaar

smoke alarm

جهازُ إنذارِ الحريق

jehaazu 'enthaare-l-hareeq

thermostat

مُنَظِّمُ الحرارة

munaththemu-l-haraara

THE ENTRANCE | المَدخَل

YOU MIGHT SAY/HEAR...

Would you like to come round?
هل تودّ زيارتَنا؟
hal tawaddu zeyaaratana?

Hi! Come in.
مرحبًا! تفضّل.
marhaban! tafaddal.

Make yourself at home.
تصرّفْ كأنّكَ في منزِلك.
tasarraf ka'annaka fee manzelek.

Shall I take my shoes off?
هل يجبُ أن أخلعَ حذائي؟
hal yagebu 'an 'akhla'a hethaa'ee?

Can I use your bathroom?
هل يمكِنُني أنْ أستخدِمَ حمّامَك؟
hal yumkenunee 'an 'astakhdema hammaamak?

Thanks for inviting me over.
شكرًا لدعْوَتي.
shukran leda'watee.

VOCABULARY

corridor
الرُّواق
ar-ruwaaq

hallway
المَدخَل
al madkhal

landing
نزولُ الدّرج
nuzoulu-d-darag

to buzz somebody in
فتحَ الباب كهربائيًا كي يدخُلَ أحدهم
fataha-l-baaba kahrabaa'eyyan kay yadkhula ahaduhum

to wipe one's feet
مسَحَ رجلَيه
masaha reglayhe

to hang one's jacket up
علّقَ معطَفَه
'allaqa me'tafahu

GENERAL

doorbell
جرسُ الباب
garasu-l-baab

doormat
مَمسحةُ الأرجُل
mamsahatu-l-'argul

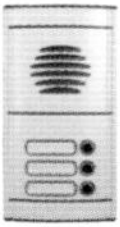

intercom
الإنترفون
al enterfon

key

المُفتاح

al muftaah

key fob

علّاقةُ المفاتيح

'allaaqatu-l-mafaateeh

knocker

مِقرَعةُ الباب

meqra'atu-l-baab

letterbox

صندوقُ البريد

sundouqu-l-bareed

lift

المِصعَد

al mes'ad

stairwell

أعمدةُ الدّرج

'a'medatu-d-darag

HALLWAY

coat hook

علّاقةُ المعاطف

'allaaqatu-l-ma'aatef

console table

طاولةُ المَدخَل

taawelatu-l-madkhal

staircase

الدّرَج

ad-darag

banister

عَمودُ الدّرَج

'amoudu-d-darag

front door

البابُ الأماميّ

al baabu-l-'amaamey

VOCABULARY

carpet
السّجّادة
as-sajjaada

floorboards
ألواحُ الأرضيّة
'alwaahu-l-'ardeyya

suite
جَناح
janaah

sofa bed
السّريرُ الكَنَبة
as-sareeru-l-kanaba

radio
الرّاديو
ar-raadeo

DVD player
جهازُ الدي في دي
gehaazu-d-dee vee dee

remote control
جهازُ التّحكّم
jehaazu-t-tahakkum

satellite TV
المحطّاتُ الفضائيّة
al mahattaatu-lfadaa'eyya

TV on demand
مشاهدةُ التّلفاز عندَ
mushaahadatu-ttelfaaze 'enda-t-talab

to relax
اِستَرْخى
'estarkha

to sit down
جلسَ
jalasa

to watch TV
شاهدَ التّلفاز
shaahada-t-telfaaz

GENERAL

curtains
السّتائر
as-sataa'er

display cabinet
خزانةُ العَرض
khezaanatu-l-'ard

sideboard
مِنضَدَةٌ جانبيّة
mendadatun jaanebeyya

table lamp
مِصباحُ الطّاولة
mesbaahu-t-taawela

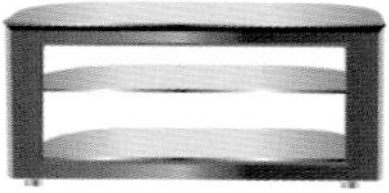

TV stand
طاولةُ التّلفاز
taawelatu-t-telfaaz

Venetian blind
السّتائرُ المَعدِنيّة
as-sataa'eru-l-ma'deneyya

fireplace
المِدفَئة
al medfa'a

coffee table
الطّاولةُ الصّغيرة
at-taawelatu-s-sagheera

picture
اللّوحة
al-lawha

wall light
مِصباحُ الحائط
mesbaahu-l-haa'et

TV
التّلفاز
at-telfaaz

sofa
كَنَبة
kanaba

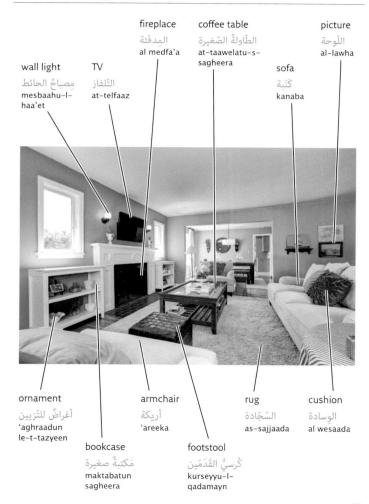

ornament
أغراضٌ للتّزيين
'aghraadun le-t-tazyeen

armchair
أريكة
'areeka

rug
السّجّادة
as-sajjaada

cushion
الوِسادة
al wesaada

bookcase
مَكتبةٌ صغيرة
maktabatun sagheera

footstool
كُرسيُّ القَدَمين
kurseyyu-l-qadamayn

Kitchens in the Arab countries are often closed to the rest of the house and aren't usually treated as entertaining spaces. Open-plan kitchens are known in Arab countries as American kitchens مطابخُ أميركيّة (mataabekhu 'amerkeyya).

VOCABULARY

(electric) cooker
الفُرنُ الكَهربائيّ
al furnu-l-kahrabaa'ey

gas cooker
فرنُ الغاز
furnu-l-ghaaz

cooker hood
الشّفّاط
ash-shaffaat

kettle
الإبريقُ الكهربائيّ
al 'ebreequ-l-kahrabaa'ey

to cook
طبخَ
tabakha

to fry
قلى
qalaa

to stir-fry
القلي بالتقليب
alqaly bi-t-taqleeb

to boil
غلى
ghalaa

to roast
شوى
shawaa

to bake
خَبَزَ
khabaza

to wash up
غسلَ الأطباق
ghasala-l-'atbaaq

to clean the worktops
نظّفَ مكانَ العَمَل
naththafa makaana-l-'amal

to put away the groceries
يضعُ مُشتريات المطبخ في أماكِنِها المُناسِبة
yada'u mushtarayaate-l-matbakh fee 'amaakeneha-l-munaaseba

KITCHEN UTENSILS

Arabic coffee pot
إبريقُ القَهوةِ العربيّة
'ebreequ-l-qahwate-l-'arabeyya

baking tray
صينيّةُ الخَبز
seeneyyatu-l-khabz

casserole dish
الطّنجرةُ الصّغيرة
at-tangaratu-s-sagheera

chopping board
لوحُ التّقطيع
lawhu-t-taqtee'

colander
المِصفاة
al mesfaat

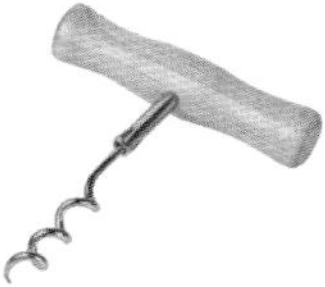

corkscrew
المِفتاحُ اللّولَبيّ
al meftaahu-l-lawlabey

food processor
فرّامةُ الطّعام
farramatu-t-ta'aam

frying pan
المِقلاة
al meqlaat

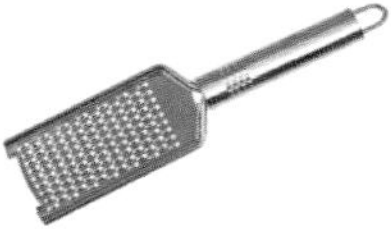

grater
البرّاشة
al barraasha

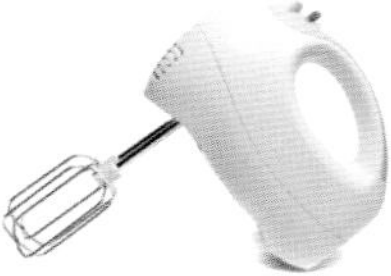

hand mixer
الخلّاط اليدويّ
al khallatu-l-yadawey

ladle
المِغرفة
al meghrafa

masher
الهرّاسة
al harraasa

measuring jug
كوبُ القياس
koubu-l-qeyaas

mixing bowl
وعاءُ الخَلط
we'aa'u-l-khalt

peeler
القَشّارة
al qashshaara

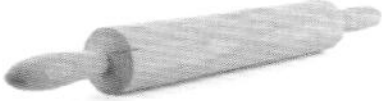

rolling pin

الشّوبَك

ash-shawbak

saucepan

القِدر

al qedr

sieve

المُنخُل

al munkhul

spatula

المِلعَقَةُ المُسَطَّحة

al mel'aqatu-l-musattaha

tea thermos

ترمُسُ الشّاي

termosu-sh-shaay

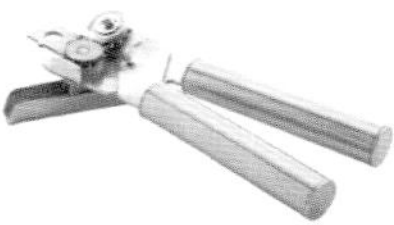

tin opener

فتّاحةُ العُلَب

fattaahatu-l-'ulab

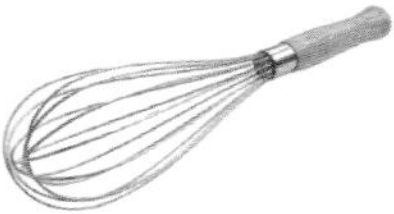

whisk

الخفّاقةُ اليدويّة

al khaffaqatu-l-yadaweyya

wok

المقلاةُ الكبيرة

al meqlaatu-l-kabeera

wooden spoon

المِلعقةُ الخَشبيّة

al mel'aqatu-l-khashabeyya

MISCELLANEOUS ITEMS

aluminium foil

ورقُ الألُمينيوم

waraqu-l-'aluminium

bin bag

كيسُ القُمامة

keesu-l-qumaama

bread bin

حافظةُ الخُبز

haafethatu-l-khubz

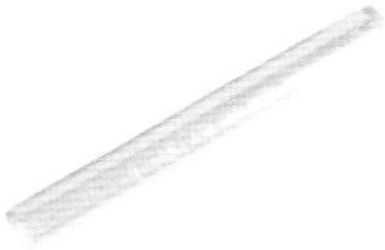

clingfilm
ورقُ النّايلون الخاصّ بالطّعام
waraqu-n-naylone-l-
khas bet-ta'aam

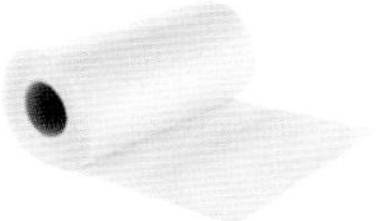

kitchen roll
مناديلُ ورقيّة للمَطبخ
manaadeelu
waraqeyyatun lel matbakh

pedal bin
سلةُّ المُهملات
sallatu-l-muhmalaat

THE KITCHEN

sink
حوضُ غسلِ الأواني
hawdu ghasle-l-
'awaanee

hob
صفيحةُ التّسخين
safeehatu-t-
taskheen

spotlight
ضوءُ السّقف
daw'u-s-
saqf

oven
الفُرن
al furn

microwave
المايكروايف
al microwave

fridge-freezer
البرّاد-الثّلّاجة
al barraad-ath-
thallaaja

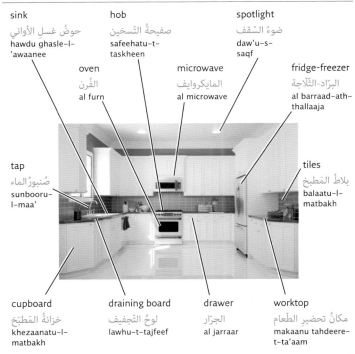

tap
صُنبورُ الماء
sunbooru-
l-maa'

tiles
بلاطُ المَطبخ
balaatu-l-
matbakh

cupboard
خزانةُ المَطبَخ
khezaanatu-l-
matbakh

draining board
لوحُ التّجفيف
lawhu-t-tajfeef

drawer
الجرّار
al jarraar

worktop
مكانُ تحضيرِ الطّعام
makaanu tahdeere-
t-ta'aam

VOCABULARY

dining table
طاولةُ الطّعام
taawelatu-t-ta'aam

place mat
حصيرةُ الصّحون
haseeratu-s-suhoun

coaster
حاملةُ الأكواب
haamelatu-l-'akwaab

crockery
الأطباق والأواني الخزفيّة
al 'atbaaqu wal 'awaani-l-khazafeyya

cutlery
أدواتُ المائدة
'adawaatu-l-maa'eda

glassware
الأواني الزُّجاجيّة
al 'awaane-l-zujaajeyya

to set the table
أعدَّ المائدة
'a'adda-l-maa'eda

to dine
تناولَ العشاء
tanaawala-l-'ashaa'

to clear the table
وضّبَ المائدة
waddaba-l-maa'eda

YOU SHOULD KNOW...

When dining in an Arabic home, it is normal to eat using your hands as this is very typical in the Arabic culture. You must not begin eating until the host has said that you are welcome to start eating تَفَضَّلْ (tafaddal).

Arabic coffee cup
فنجانُ القهوةِ العربيّة
fengaanu-l-qahwate-l-'arabeyya

bowl
الوعاء
al we'aa'

cup and saucer
الفنجانُ وصحنُهُ
al fenjaanu wa sahnuhu

glass
كوبُ الشّراب
koubu-sh-sharaab

gravy boat
إناءُ الصّلصة
'enaa'u-s-salsa

knife and fork
السّكّينُ والشّوكة
as-sekkeenu wa-sh-shawka

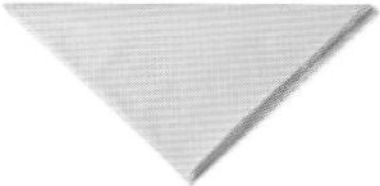

napkin

المِنديلُ الورقيّ

al mendeelu-l-waraqey

pepper mill

مِطحنةُ الفُلفُل

methanatu-l-fulful

plate

الصّحن

as-sahn

salad bowl

وعاءُ السّلطة

we'aa'u-s-salata

salt cellar

المِملَحة

al memlaha

serving dish

طَبَقُ التّقديم

tabaqu-t-taqdeem

spoon

المِلعَقة

al mel'aqa

teaspoon

الملعقةُ الصّغيرة

al mel'aqatu-s-sagheera

tumbler

الكوب الزُّجاجيّ

al koub-z-zugaagey

VOCABULARY

single bed
سريرٌ لشخصٍ واحِد
sareerun leshakhsen waahed

double bed
سريرٌ مزدوج
sareerun muzdawej

bunk beds
السّريرُ بِطابِقَين
as-sareeru betaabeqayn

spare room
الغُرفةُ الإضافيّة
al ghorfatu-l-'edaafeyya

master bedroom
غرفةُ النّومِ الرّئيسيّة
ghorfatu-n-nawme-rra'eeseyya

en-suite bathroom
الحمّامُ الدّاخليّ
al hammamu-d-daakheley

nursery
غُرفةُ الأطفال
ghorfatu-l-'atfaal

to go to bed
ذهبَ للنّوم
thahaba le-n-nawm

to sleep
نامَ
naama

to wake up
اِستَيقَظَ
'estayqatha

to make the bed
رتَّبَ السّرير
rattaba-s-sareer

to change the sheets
بدّلَ الأغطية
baddala-l-'aghteya

GENERAL

bedding
الفِراش
al feraash

blanket
الحِرام
al heraam

clock radio
المُنبّه
al munabbeh

coat hanger
علّاقةُ المِعطَف
'allaaqatu-l-me'taf

dressing table
كُرسيُّ غُرفةِ النّوم
kurseyyu ghorfate-n-nawm

hairdryer
مُجَفِّفُ الشّعر
mugaffifu-sh-sha'r

laundry basket
سلّةُ الغَسيل
sallatu-l-ghaseel

quilt
اللّحاف
al-lehaaf

sheets
الأغطية
al 'aghteya

BEDROOM

mirror
المرآة
al mer'aat

chest of drawers
خزانةُ الأدراج
khezanatu-l-'adraag

wardrobe
خزانةُ الملابس
khezaanatu-l-malaabes

curtains
السّتائر
as-sataa'er

bed
السّرير
as-sareer

duvet
الغطاء
al ghetaa'

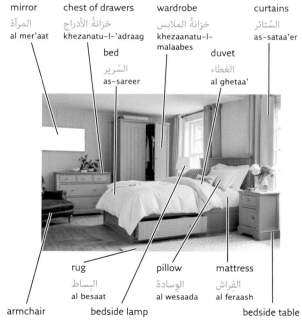

rug
البِساط
al besaat

pillow
الوِسادة
al wesaada

mattress
الفِراش
al feraash

armchair
الأريكة
al 'areeka

bedside lamp
مصباحُ السّريرِ الجانبيّ
mesbaahu-s-sareere-l-gaanebey

bedside table
طاولةُ السّرير الجانبيّة
taawelatu-s-sareere-l-gaanebeyya

In many older Arabic homes, toilets may be situated away from the main bathroom. It is also quite common to see washing machines installed in the bathroom, rather than in the kitchen or utility room.

VOCABULARY

shower curtain
ستائرُ مكانِ الإستحمام
sataa'eru makaane-l-'estehmaam

toiletries
مُستَلزماتُ الحمّام
mustalzamaatu-l-hammaam

drain
البالوعة
al baalou'a

to shower
استحمَّ سريعًا
'estahamma saree'an

to have a bath
اِستَحمَّ
'estahamma

to wash one's hands
غسلَ اليَدَين
ghasala-l-yadayn

to brush one's teeth
نظّفَ الأسنان
naththafa-l-'asnaan

to go to the toilet
ذهبَ إلى الحمّام
thahaba 'ela-l-hammaam

GENERAL

bath mat
بِساطُ الحمّام
besaatu-l-hammaam

bath towel
مِنشفةُ الإستحمام
menshafatu-l-'estehmaam

face cloth
مِنشَفةُ الوَجه
menshafatu-l-wagh

hand towel
مِنشَفةُ اليَدَين
menshafatu-l-yadayn

soap
الصّابون
as-saaboun

sponge
الإسفَنجة
al 'esfenja

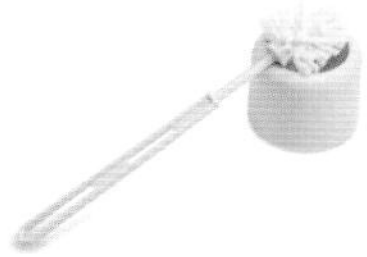

toilet brush
فُرشاةُ المِرحاض
furshaatu-l-merhaad

toilet roll
ورقُ الحمّام
waraqu-l-hammaam

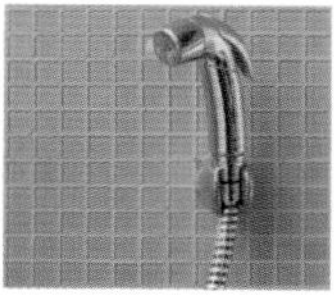

water sprayer
الشّطّاف
ash-shattaaf

BATHROOM

mirror
المرآة
al mer'aat

sink
المغسَلة
al maghsala

shower
مكانُ الاِستِحمام
makaanu-l-'estehmaam

toilet
المِرحاض
al merhaad

towel rail
حمّالُ المَناشِف
hammaalu-l-manaashef

tap
صنبورُ الماء
sunbouru-l-maa'

cabinet
خِزانةُ الحمّام
khezaanatu-l-hammaam

bidet
الشّطّافة
ash-shattaafa

shower screen
الزُّجاجُ الفاصِل لمكانِ الاِستحمام
az-zugaagu-l-faasele le makaane-l-'estehmaam

bath
حوض الاستحمام
hawdu-l-estihmam

VOCABULARY

tree
الشَّجرة
ash-shajara

soil
التّراب
at-turaab

plant
النّبتة
an-nabta

weed
العُشبَةُ الضّارّة
al 'ushbatu-d-daarra

flowerbed
مَشتلُ الأزهار
mashtalu-l-'azhaar

compost
السّماد
as-samaad

allotment
الحديقةُ المُؤَجَّرة
al hadeeqatu-l-mu'ajjara

gardener
البُستانيّ/البُستانيّة
al bustaaney/
al bustaaneyya

to weed
نزعَ العُشبَ الضّارّ
naza'a-l-'ushba-d-daarr

to water
سقى
saqaa

to grow
رعى الزّرع
ra'a-z-zar'

to plant
زرعَ
zara'a

GENERAL

decking
الأرضُ الخَشبيّة
al 'ardu-l-khashabeyya

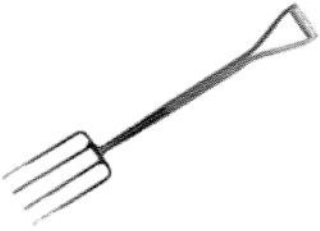

garden fork
شوكةُ الحديقة
shawkatu-l-hadeeqa

garden hose
خُرطومُ المياه
khortoumu-l-meyaah

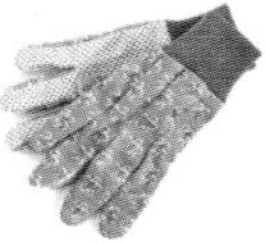

gardening gloves
قفّازاتُ الزّرع
quffaazaatu-z-zar'

garden shed
كوخُ الحديقة
koukhu-l-hadeeqa

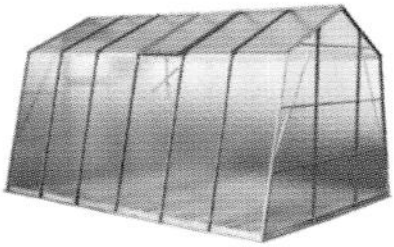

greenhouse
المَشتلُ الدّاخليّ
al mashtalu-d-daakheley

hoe

المِجرفة

al megrafa

lawnmower

جزّازةُ العُشب

gazzaazatu-l-’ushb

parasol

المِظلّة

al methalla

plant pot

إناءُ الزّرع

enaa’u-z-zar’e

pruners

مُقلّم الأشجار

muqallemu-l-ashjaar

spade

الرّفش

ar-rafsh

trowel

قالعُ النّبات

qaale’u-n-nabaat

watering can

المِرشّة

al merashsha

weedkiller

مُزيلُ العُشبِ الضّارّ

muzeelu-l-’ushbe-d-daarr

Wellington boots

حِذاءُ الحديقةِ الطّويل

hethaa’u-l-hadeeqate-t-taweel

wheelbarrow

العَرَبةُ اليدويّة

al ‘arabatu-l-yadaweyya

windowbox

حوضُ الزّهور

hawdu-z-zuhour

lawn
المرجةُ الخَضراء
al margatu-l-khadraa'

shrub
الشُّجَيْرة
ash-shugayra

gate
بابُ الحَديقة
baabu-l-hadeeqa

fence
سِياجُ الحَديقة
seyaagu-l-hadeeqa

trellis
التَّعريشة
at-ta'reesha

birdbox
بيتُ العصافير
baytu-l-'asaafeer

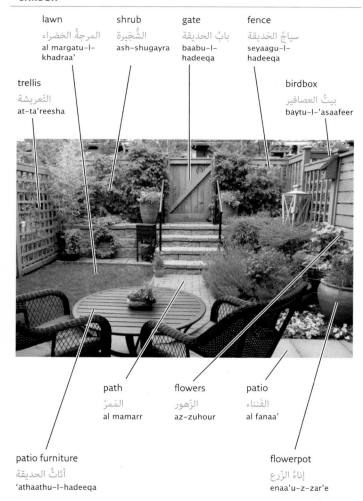

path
المَمرّ
al mamarr

flowers
الزُّهور
az-zuhour

patio
الفَنناء
al fanaa'

patio furniture
أثاثُ الحَديقة
'athaathu-l-hadeeqa

flowerpot
إناءُ الزَّرع
enaa'u-z-zar'e

VOCABULARY

utility room
غُرفةُ المَرافِق
ghurfatu-l-maraafeq

wastepaper basket
سلّة المُهملات
sallatu-l-muhmalaat

bleach
مُبيّضُ الغَسيل
mubayyedu-l-ghaseel

dishwasher tablet
أقراصُ غسّالةِ الصّحون
'aqraasu ghassaalate-s-sohoun

disinfectant
المُطهِّر
al mutahher

laundry detergent
دواءُ غسيلِ الملابِس
dawaa'u ghaseele-l-malaabes

washing-up liquid
دواءُ الغَسيلِ السّائل
dawaa'u-l-ghaseele-s-saa'el

to sweep the floor
مسحَ الأرض
masaha-l-'ard

to do the laundry
غَسَلَ الملابِس
ghasala-l-malaabes

to hoover
نظّفَ بالمِكنِسة الكهربائيّة
naththafa be-l-meknesa-l-kahrabaa'eyya

to tidy up
رتَّبَ
rattaba

to clean
نَظَّفَ
naththafa

brush
المِكنِسة
al meknesa

bucket
الدّلو
ad-dalou

cloth
فوطةُ التّنشيف
foutatu-t-tansheef

clothes horse
مَنشرُ الغسيل
mansharu-l-ghaseel

clothes pegs
ملاقط الغسيل
malaqet-l-ghaseel

dishwasher
غسّالةُ الصّحون
ghassaalatu-s-sohoun

dustbin
صُندوقُ القُمامة
sundouqu-l-qumaama

dustpan
المَجرود
al majroud

iron
المِكواة
al mekwaat

ironing board
لوحُ الكَوي
lawhu-l-kawee

mop
ممسحة
mimsaha

rubber gloves
قفّازاتٌ مطّاطيّة
qaffaazaatun mattaateyya

scourer
إسفِنجةُ الجلي
'esfengatu-l-galee

tea towel
فوطةُ المَطبخ
foutatu-l-matbakh

tumble drier
النّشّافة
an-nashshaafa

vacuum cleaner
المِكنِسة الكهربائيّة
al meknesa-l-
kahrabaa'eyya

washing line
حبلُ الغَسيل
hablu-l-ghaseel

washing machine
الغَسّالة
al ghassaala

AT THE SHOPS | في المتاجِر

Markets full of lush produce and local specialities and the enticing scent of sandalwood's natural oils – just a couple of the things that might spring to mind when it comes to shopping in Arab countries. That's not to say that you won't find plenty of large supermarkets, busy shopping centres, and many familiar international chains in urban areas.

Most stores in Arab countries are open every day of the week. However, in some countries like the UAE, some stores are only open from Saturday to Thursday. In others, for example Lebanon, stores are open from Monday to Saturday.

YOU MIGHT SAY...

Where is the...?
أينَ ال...؟
ayna-l...?

Do you have...?
هل لديك...؟
hal ladayka...?

Where can I buy...?
من أينَ يُمكنني شراءُ...؟
men ayna yumkenunee sheraa'u...?

What time do you open/close?
في أيّ وقتٍ تفتحُ/تُقفِلُ؟
fee ayye waqten taftahu/tuqfelu?

I'm just looking.
أنا أنظرُ فقط، شكرًا.
ana anthuru faqat, shukran.

Do you sell...?
هل تبيعُ...؟
hal tabee'u...?

May I have...?
هل يُمكنُني الحصولُ على...؟
hal yumenunee-l-husoulu 'ala...?

Can I pay by cash/card?
هل يمكنُني الدّفعُ نقدًا/بالبِطاقة؟
hal yumkenunee-d-daf'u naqdan/bel betaaqa?

Can I pay with my mobile app?
هل يُمكنُني الدّفعُ عبرَ تطبيقِ الهاتف؟
hal yumkenune-d-daf'u 'abra tatbeeqe-l-haatef?

How much does this cost?
كم ثمنُ هذا؟
kam thamanu haatha?

How much is delivery?
كم تكلِفةُ التّوصيل؟
kam taklefatu-t-tawseel?

I would like...
أودُّ أن...
awaddu an...

Can I exchange this?
هل يُمكنُني تبديلُ هذا؟
hal yumkenunee tabdeelu hathaa?

Can I get a refund?
هل يمكنني اِستعادةُ النّقود؟
hal yumkenune-s-te'aadatu-n-nuqoud?

That's all, thank you.
هذا كلُّ شيءٍ، شُكرًا.
haatha kullu shay'en, shukran.

YOU MIGHT HEAR...

Can I help you?
هل يمكنُني مساعدتك؟
hal yumkenunee musaa'adatuk?

Are you being served?
هل هُناكَ مَن يُساعدُك في طلبِك؟
hal hunaaka man yusaa'eduka fee talabek?

Would you like anything else?
هل تريدُ شيئًا آخر؟
hal tureedu shay'an aakhar?

It costs...
هذا ثمنُهُ...
hathaa thamanuhu...

I'm sorry, we don't have...
آسِف، ليس لدينا...
aasef, laysa ladayna...

I can order that for you.
يُمكنُني طلبُ هذا الشَيء لك.
yumkenunuee talabu haatha-sh-shay'e lak.

How would you like to pay?
كيفَ تُفضّلُ أن تدفع؟
kayfa tufaddelu an tadfa'?

Can you enter your PIN?
هل يمكُنكَ إدخالُ رقمِكَ السّريّ؟
hal yumkenuka edkhaalu raqmeka-s-serrey?

Would you like a receipt?
هل تُريدُ الحصولَ على الإيصال؟
hal tureedu-l-husoula 'ala-l-eesal?

We don't offer refunds/exchanges.
ممنوعٌ إسترجاعُ النُّقود/تبديلُ المُشتريات.
mamnou'un esterjaa'u-n-nuqoud/tabdeelu-l-mushtarayaat.

Have you got a receipt?
هل حصلتَ على الإيصال؟
hal hasalta 'ala-l-eesaal?

Have a good day!
طابَ يومُك!
taaba yawmuk!

YOU SHOULD KNOW...

Most stores in Arab countries still give out free plastic bags with purchases.

VOCABULARY

shop
المَتجر
al matgar

supermarket
السّوبرماركت
as-supermaarket

market
السّوق
assouq

shopping centre
المركزُ التّجاريّ
al markazu-t-tegaarey

convenience store
البَقّالة
al baqqaala

cash
الدّفعُ نقدًا
addaf'u naqdan

change
الفَكّة
al fakka

PIN
الرّقمُ السّريّ
ar-raqmu-s-serrey

exchange
الصّرافة
asseraafa

refund
إعادةُ النّقود
e'aadatu-n-nuqoud

shop assistant
العاملُ المُساعِد/العامِلةُ المُساعِدةُ في المَتجَر
al 'aamelu-l-musaa'edu/ al 'aamelatu-l-musaa'edatu fe-l-matgar

paper bag
الكيسُ الورقيّ
al keesu-l-waraqey

to browse
تصفّحَ
tasaffaha

to buy
اشترى
eshtaraa

to pay
دفعَ
dafa'a

to shop online
تسوّقَ عبر الإنترنت
tasawwaqa 'abra-l-enternet

to go shopping
تسوّق
tasawwaq

banknotes
الأوراق النّقديّة
al awraaqu-n-naqdeyya

card reader
قارئُ البطاقات الائتمانيّة
qaare'u-l-betaaqate-l-e'temaaneyya

coins
النُقودُ المَعدنيّة
an-nuqoudu-l-ma'deneyya

debit/credit card
بطاقةُ الحِساب/البِطاقةُ الاِئتمانيّة
betaaqatu-l-hesaab/ al betaaqatu-l-e'temaaneyya

plastic bag
الكيسُ البلاستيكيّ
al keesu-l-plasteekey

receipt
الإيصال
al eesaal

Shopping for groceries over the internet is less prevalent in Arab countries than in the UK, but it is a growing trend. Online shopping and delivery services are offered by most Arabic supermarkets.

YOU MIGHT SAY...

Where can I find...?
أينَ يُمكنني أن أجِدَ...؟
ayna yumkenunee an ageda...?

I'm looking for...
أبحثُ عن...
abhathu 'an...

YOU MIGHT HEAR...

I can show you.
يُمكنُني أن أريكَ.
yumkenunee an ureeka.

It's in aisle 1/2/3.
موجودٌ في المَمرّ 1/2/3.
mawgoudun fe-l-mamarr 1/2/3.

VOCABULARY

aisle
الممرّ
al mamarr

delicatessen
أطعِمة محفوظة في عُلبٍ
at'ema mahfoutha fee 'ulab

ready meal
الوجبةُ الجاهِزة
al wajbatu-l-gaaheza

groceries
البقّالات
al baqqaalaat

bottle
القارورة
al qaaroura

box
عٌلبة/صُندوق
'ulba/sundouq

carton
الكَرتون
al kartoun

jar
الجَرّة
al jarra

packet
الحُزمة
al huzma

tin
عٌلبة
'ulba

fresh
الطّازَج
attaazaj

frozen
المجمّد
al mugammad

low-fat
قليل الدّسم
qaleelu-d-dasam

low-calorie
قليلُ السّعرات
qaleelu-s-se'raat

GENERAL

basket
سلّةُ المُشتريات
sallatu-l-mushtarayaat

scales
الميزان
al meezaan

trolley
عربةُ التّسوّق
'arabatu-t-tasawwuq

GROCERIES

Arabic coffee
القهوة العربيّة
al qahwatu-l-'arabeyya

biscuits
البسكويت
al baskweet

couscous
الكُسكُس
al kuskus

dates
التّمر
attamr

herbs
الأعشاب
al a'shaab

honey
العسل
al 'asal

icing sugar
السّكّر النّاعم
as-sukkaru-n-naa'em

instant coffee
قهوة سريعةُ التّحضير
qahwatun saree'atu-t-tahdeer

jam
المُربّى
al murabba

ketchup
الكَتشَب
al katshab

mustard
الخردَل
al khardal

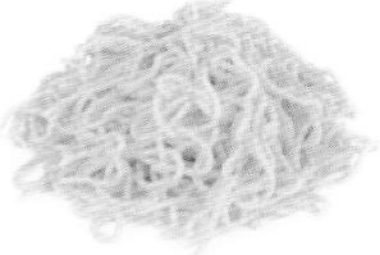

noodles
المعكرونة
al ma'karuna

olive oil
زيتُ الزّيتون
zaytu-z-zaytoun

pepper
الفُلفل
al fulful

rice
الأرُزّ
al aruzz

salt
المَلح
al malh

spices
التّوابل
at-tawaabel

sugar
السُكّر
as-sukkar

teabags
أكياسُ الشّاي
'akyaasu-sh-shaay

vegetable oil
الزّيتُ النّباتيّ
az-zaytu-n-nabaatey

vinegar
الخَلّ
al khall

SNACKS

chocolate
الشّوكولاتة
ash-shokolaata

crisps
رقاقاتُ البطاطا
raqaqaatu-l-bataata

nuts
المُكسّرات
al mukassaraat

olives
الزّيتون
az-zaytoun

popcorn
البوشار
al boushaar

sweets
السّكاكر
as-sakaaker

DRINKS

chocolate milk
حليبٌ بالشّوكولاتة
haleebun besh-shokolaata

fizzy drink
المشروباتُ الغازيّة
al mashroubaatu-l-ghaazeyya

fruit juice
عصيرُ الفواكه
aseeru-l-fawaakeh

non-alcoholic beer
بيرة بدون كُحول
beera bedoun kuhoul

spirits
الخُمور
al khumour

water
الماء
al maa'

Most markets will be set up early in the morning and will wind down by lunchtime. It's worth getting up early to buy the freshest produce on offer.

YOU MIGHT SAY...

Where is the market?
أينَ السّوق؟
ayna-s-souq?

When is market day?
في أيّ يومٍ يفتحُ السّوق؟
fee ayye yawmen yaftahu-s-souq?

Two/Three ..., please.
اِثنان/ثلاثة من...رجاءً.
ethnaan/thalaatha men... rajaa'an.

What do I owe you?
بِكم أدينُ لك؟
bekam udeenu lak?

YOU MIGHT HEAR...

The market is in the square.
السّوقُ في السّاحة.
as-souqu fe-s-saaha.

The market is on a Tuesday.
السّوقُ يفتحُ يوم الثّلاثاء.
as-souqu yaftahu yawma-th-tholaathaa'.

Here you go. Anything else?
تفضل الفكّة، هل تريدُ شيئًا آخر؟
tafaddale-l-fakka, hal tureedu shay'an aakhar?

Here's your change.
تفضّل نقودُك.
tafaddal nuqouduk.

VOCABULARY

marketplace
مكانُ السّوق
makaanu-s-souq

flea market
سوقُ السّلعِ المُستعملة
souqu-s-sela'e-l-musta'mala

indoor market
السّوقُ الدّاخلي
as-souqu-d-daakheley

farmer's market
سوقُ المُزارعين
souqu-l-muzaare'een

local
محلّي
mahalley

organic
عضويّ
'odwey

seasonal
موسميّ
mawsemey

home-made
صناعةٌ بيتيّة
senaa'atun bayteyya

customers
الزّبائن
az-zabaa'en

stall
كُشك
kushk

trader
التّاجر
at-taajer

basket
سلّةُ المُشتريات
sallatu-l-mushtarayaat

plastic bag
الكيسُ البلاستيكيّ
al keesu-l-plasteekey

produce
المُنتجات
al muntagaat

crate
القَفَص
al qafas

YOU MIGHT SAY...

Where can I buy...?
من أينَ يُمكنُني شراءُ...؟
men ayna yumkenunee sheraa'u...?

A kilo of...
كيلوغرام من...
kilograam men...

100 grams of...
مئةُ غرامٍ من...
me'atu graamen men...

YOU MIGHT HEAR...

What would you like?
ماذا ترغبُ؟
matha targhabu?

There is no more...
لم يعُد ... موجودًا.
lam ya'ud...mawgoudan.

VOCABULARY

grocer's
البقّالة
al baqqaala

juice
العصير
al 'aseer

leaf
الورقة
al waraqa

peel
القِشرة
al qeshra

pip
البذورُ الصّغيرة
al buthouru-s-sagheera

rind
لحاءُ الشّجر
lahaa'u-sh-shagar

seed
البذرة
al bathra

segment
القِطعة
al qet'aa

skin
القِشرة
al qeshra

stone
النّواة
an-nawaat

raw
النّيء
an-nay'

fresh
الطّازَج
at-taazaj

ripe
النّاضج
an-naadej

unripe
غيرُ ناضج
ghayru naadej

rotten
الفاسِد
al faased

seedless
بدونِ بذور
bedoune buthour

to juice
عصرَ
'asara

to peel
قشّرَ
qashshara

apple
التفّاح
at-tuffaah

apricot
المِشمش
al meshmesh

banana
الموز
al mawz

blackberry
توتُ العلّيق
toutu-l-'ellayq

blueberry
التّوتُ البرّي
at-toutu-l-barrey

cherry
الكرز
al karaz

fig
التّين
at-teen

fresh dates
بلح
balah

grape
العنب
al 'enab

guava
الجوافة
al jawafa

kiwi fruit
الكيوي
al keewee

lemon
اللّيمون
al-laymoun

mandarin
كَلَمنتين
kalamnteen

mango
المانجا
al manga

melon
الشَّمّام
ash-shammaam

orange
البُرتُقال
al burtuqaal

peach
الدّرّاق
ad-dorraaq

pear
الإجاص
al ejaas

pineapple
الأناناس
al ananaas

plum
الخوخ
al khawkh

pomegranate
الرُّمّان
ar-rummaan

raspberry
التّوتُ الأحمر
at-toutu-l-ahmar

strawberry
الفراولة
al farawla

watermelon
البطّيخ
al batteekh

artichoke
الخرشوف
al kharshouf

asparagus
الهليون
al halyoun

aubergine
الباذنجان
al baathengaan

beetroot
الشّمندر
ash-shamandar

broccoli
البروكولي
al brokolee

cabbage
الملفوف
al malfouf

carrot
الجزر
al jazar

cauliflower
القرنبيط
al qarnabeet

chilli
الفُلفُل الحارّ
al fulfule-l-haarr

cucumber
الخيار
al kheyaar

garlic
الثّوم
ath-thoum

green beans
الفاصولياء
alfasolya'

leek
الكرّاث
al karraath

lettuce
الخَسّ
al khass

mushroom
الفطر
al futr

onion
البصل
al basal

parsley
البقدونس
al baqdounes

peas
البازلّاء
al bazellaa'

potato
البطاطا
al bataata

radish
الفِجل
al fegl

red pepper
الفُلفل الأحمر
al fulfule-l-ahmar

spinach
السّبانخ
as-sabaanekh

tomato
الطّماطم
at-tamaatem

zucchini
الكوسا
al kousaa

A visit to the Arabic bakery is a must at any time of the day. With products freshly baked in front of you, there is something for every taste! Desserts are also very popular, ranging from delicious kunafah to nostalgic baklava.

VOCABULARY

baker
الخبّاز
al khabbaaz

slice
القِطعة
al qet'aa

dough
العجينة
al 'ageena

bread
الخُبز
al khubz

yeast
خميرة
khameera

flour
الطّحين
at-taheen

wholemeal bread
الخبز الأسمر
alkhubzu-l-asmar

baking powder
مسحوقُ التّخمير
mashouqu-t-takhmeer

gluten-free
خالٍ من الغلوتين
khaalen mena-l-glouteen

loaf
الرّغيف
ar-ragheef

cornflour
طحينُ الذّرة
taheenu-th-thura

to bake
خَبَزَ
khabaza

YOU SHOULD KNOW...

Arabian cuisine has various regional influences, stemming from traditional Bedouin and Levantine food.

Arabian dumplings
عوّامات
'awwaamaat

Arabic cream pastry
القَطايف
al qatayef

Arabic nut sweets
معمول
ma'moul

date cake
كعكةُ التّمر
ka'katu-t-tamr

baklava
بقلاوة
baklawa

Egyptian bread
الخُبزُ المصريّ
al khobzu-l-masrey

fried qatayef
قطايف بالجوز
qataayef bel gawz

fruit tart
فطيرةُ الفواكه
fateeratu-l-fawakeh

kunafah
كُنافة
kunaafa

Lebanese bread
الخُبزُ اللّبنانيّ
al khubzu-l-lubnaney

manakeesh
مناقيش
manaakeesh

traditional flatbread
الخُبزُ المرقوق
al khubzu-l-marqouq

Butchers in Arabic countries are often able to recommend what kind of cuts to buy for the recipes you'd like to try, as well as local specialities they may sell.

YOU MIGHT SAY...

A slice of ..., please.
شريحةٌ من... رجاءً.
shareehatun men... ragaa'an.

Can you slice this for me, please?
هل يمكنُك أن تقطعَ هذا لي، رجاءً؟
hal yumkenuka an taqta'a haatha lee, ragaa'an?

YOU MIGHT HEAR...

How much would you like?
ما هي الكمّيّة الّتي تُريد؟
maa heya-l-kammeyya-l-latee tureed?

How many would you like?
كم قطعةً تريد؟
kam qet'atan tureed?

VOCABULARY

butcher
اللّحّام
al-lahhaam

meat
اللّحم
al-lahm

red meat
اللّحمُ الأحمر
al-lahmu-l-ahmar

white meat
اللّحمُ الأبيض
al-lahmu-l-abyad

cold meats
اللّحوم الباردة
al-luhoumaatu-l-baareda

liver
الكَبد
al kabed

beef
لحمُ البقر
lahmu-l-baqar

lamb
لَحمُ الغَنَم
lahmu-l-ghanam

game
لحمُ الطّريدة
lahmu-t-tareeda

venison
لحمُ الغزال
lahmu-l-ghazaal

veal
العجلُ الرّضيع
al 'eglu-r-radee'

poultry
الدّواجن
ad-dawaagen

duck
البطّ
al batt

goose
الإوزّ
al ewazz

turkey
الدّيكُ الرّوميّ
ad-deeku-r-roumey

offal
أحشاءُ الذّبيحة
ahshaa'u-th-thabeeha

cooked
مطبوخ
matboukh

raw
نيء
nay'

beef cubes
قِطعُ لحمِ البقر
qeta'u lahme-l-baqar

beef ham
لحمُ البقرِ المطبوخ
lahmu-l-baqare-l-matboukh

burger
البرغر
al berger

camel meat
لحمُ الجمل
lahmu-l-gamal

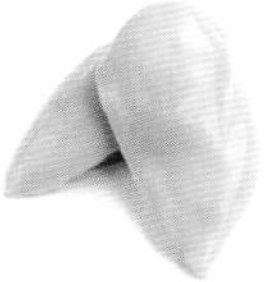

chicken breast
صدرُ الدّجاج
sadru-d-dagaag

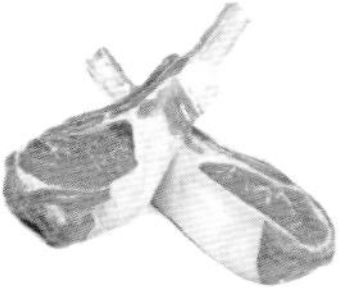

chop
قطعُ الرِّيَش
qeta'u-r-reyash

kibbeh
كبّه
kebbeh

kofta
الكُفتة
al kofta

mince
اللّحمُ المفروم
al-lahmu-l-mafroum

ribs
الرّيَش
ar-reyash

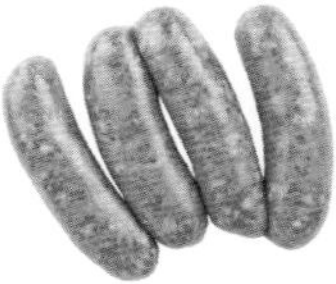

sausages
النّقانق
an-naqaaneq

steak
شريحةُ اللّحم
shareehatu-l-lahm

Ask the fishmonger for tips on what is fresh and what is in season.

YOU MIGHT SAY...

How fresh is this fish?
هل هذه السمكةُ طازجة؟
hal haathehe-s-samakatu taazaga?

Can you remove the bones?
هل يُمكنُك إزالةُ العِظام؟
hal yumkenuka ezaalatu-l-ethaam?

YOU MIGHT HEAR...

Would you like this filleted?
هل تريدُ فصلَ لحمِ السّمكةِ عن عِظامِها؟
hal tureedu fasla lahme-s-samakate 'an 'edaameha?

This fish was caught today.
تمَّ اصطيادُ هذه السّمكةِ اليوم.
tamma-steyaadu haathehe-s-samakate-l-yawm.

VOCABULARY

fishmonger
المَسمَكة
al masmaka

(fish)bone
العَظم
al 'athm

fillet
شريحةُ لحمِ السّمك
shareehatu lahme-s-samak

roe
بيضُ السّمك
baydu-s-samak

scales
الحراشف
al haraashef

shellfish
المحّار
al mahhar

shell
القوقعة
al qawqa'a

freshwater
الماءُ العذب
al maa'u-l-'athb

saltwater
المياهُ المالحة
al meyaahu-l-maaleha

farmed
أسماكُ المَزارِع
asmaaku-l-mazaare'

wild
السّمكُ البرّيّ
assamaku-l-barrey

fresh
الطّازَج
at-taazaj

salted
المُمَلّح
al mumallah

smoked
المُدخَّن
al mudakhkhan

deboned
منزوعةُ العظم
manzou'atu-l-'athm

YOU SHOULD KNOW...

Fishmongers will also sell shark meat and, less commonly, octopus.

cod
القدّ
al qadd

hamour
الهامور
al hamour

herring
الرّنجة
ar-renga

lemon sole
سمكة موسى
alkhawfaa'

mackerel
الكنعد
al kan'ad

salmon
السَّلَمون
as-salamoun

sardine
السّردين
as-sardeen

sea bass
القاروس
al qaarous

sea bream
الفرّيدي
al farreedee

sheri fish
الشّعري
ash-she'ree

tilapia
البُلطي
al bultee

tuna
التّونة
at-touna

clam
البَطلينوس
al batleenous

crab
السّرطان
as-sarataan

crayfish
جرادُ البَحر
garaadu-l-bahr

lobster
الكَركند
al karakand

mussel
بلحُ البحر
balahu-l-bahr

octopus
الأخطبوط
al okhtobout

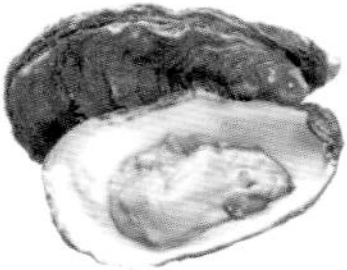

oyster
المحَار
al mahhaar

prawn
الرّوبيان
ar-roubyaan

scallop
المحّارُ الصّدفيّ
al mahhaaru-s-sadafey

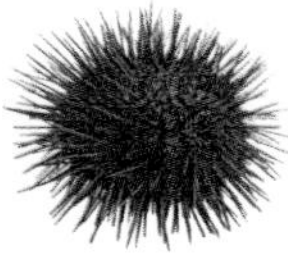

sea urchin
قُنفُذُ البحر
qunfuthu-l-bahr

shrimp
القريدس
al quraydes

squid
الحبّار
al habbaar

In Arab countries, fresh milk is always available in the supermarkets. Unpasteurized milk can also be bought directly from dairy farmers.

VOCABULARY

whole milk
حليبٌ كاملُ الدّسم
haleebun kaamelu-d-dasam

semi-skimmed milk
حليبٌ قليل الدّسم
haleebun qaleel-d-dasam

skimmed milk
حليبٌ قليل الدّسم
haleebun manzou'u-d-dasam

UHT milk
حليبٌ طويل الأجل
haleebun taweelu-l-'ajal

soymilk
حليبُ الصّويا
haleebu-s-soya

double cream
قشدةٌ مُركّزة
qashdatun murakkaza

single cream
قشدةٌ سائلة
qashdatun saa'ela

sour cream
قشدةٌ رائبة
qashdatun ra'ebatun

cheese
جبنة
jubna

free-range
دجاجٌ يُربّى في مكانٍ مفتوح
dajaajun yurabba fee makanen maftouh

pasteurized
مُبَستَر
mubastar

unpasteurized
غيرُ مُبَستر
ghayru mubastar

dairy-free
خالٍ من مُشتقّاتِ الحليب
khaalen men mushtaqqaate-l-haleeb

GENERAL

butter
الزُّبدة
az-zubda

cream
القَشدة
al qashda

egg
البيض
al bayd

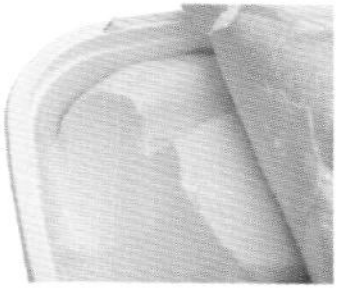

margarine
الزُّبدةُ النّباتيّة
az-zubdatu-n-nabaateyaa

milk
الحليب
al haleeb

yoghurt
الزّبادي
az-zabaadee

CHEESE

akkawi cheese
عكّاوي
'akkawee

baladi cheese
الجبنة البلديّة
al gubna-l-baladeyya

goat's cheese balls
كراتُ جُبنةِ الماعز
kuraatu gubnate-l-maa'eze

halloumi cheese
حلّوم
halloum

kashkaval
القشقوان
al qashqawaan

labneh
اللّبنة
al-labnah

mozzarella
الموزَريلّا
al mozarella

parmesan
البارميزان
al parmesan

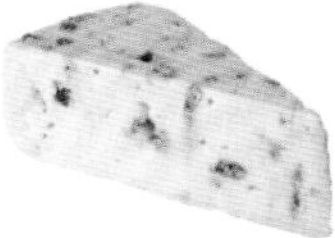

Roquefort
الرّوكفورت
ar-rokfort

YOU MIGHT SAY...

I need something for...
أريدُ شيئًا لـ...
ureedu shay'an le...

I'm allergic to...
عندي حساسيّة تجاه...
'endee hasaaseyya tejaah...

I'm collecting a prescription.
أقومُ بشراء الدّواءِ بناءً على وصفةٍ طبّيّة.
aqoumu be sheraa'e-d-dawaa'e benaa'an 'ala wasfaten tebbeyya.

What would you recommend?
بمَ تنصح؟
bema tansah?

Is it suitable for young children?
هل هذا مناسبٌ للأطفال؟
hal haatha munaasebun lel awlaad?

YOU MIGHT HEAR...

Do you have a prescription?
هل لديكَ وصفةٌ طبّيّة؟
hal ladayka wasfatun tebbeyya?

Do you have any allergies?
هل لديكَ حساسيّةٌ تجاهَ شيءٍ ما؟
hal ladayka hasaaseyyatun tejaaha shay'en maa?

Take two tablets twice a day.
خُذْ حبّتين مرّتين في اليوم.
khoth habbatayne marratayne fe-l-yawm.

You should see a doctor.
يجبُ أن تراجع طبيبًا.
yajebu an turaaje'a tabeban.

VOCABULARY

pharmacist
الصّيدليّ
as-saydaley

prescription
الوصفةُ الطّبّيّة
al wasfatu-t-tobbeyya

antihistamine
مُضادُّ الهيستامين
mudaddu-l-heestameen

decongestant
مُزيلُ الاِحتقان
muzeelu-l-ehteqaan

painkiller
المُسَكِّن
al-musakken

cold
الزّكام
az-zukaam

diarrhoea
الإسهال
al eshaal

stomachache
ألمُ المِعدة
alamu-l-ma'eda

headache
ألمُ الرّأس
alamu-r-ra's

sore throat
اِلتِهابُ الحلق
eltehaabu-l-halq

hayfever
الحُمّى القَرمزيةّ
al humma-l-qarmazeyya

antiseptic cream
كريم مُطهّر
kreem mutahher

bandage
الضّمادة
ad-dammaada

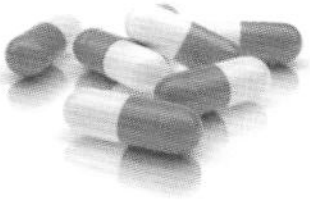

capsule
كبسولةُ الدّواء
kapsoulatu-d-dawaa'

condom
واقٍ ذكريّ
waaqen thakarey

cough mixture
دواءُ السّعال
dawaa'u-s-su'aal

drops
قطرة
qatra

insect repellent
مادّةٌ طاردةٌ للحشرات
maddatun taaredatun lel-hasharaat

lozenge
أقراصٌ للمَصّ
aqraasun lel-mass

medicine
الدّواء
ad-dawaa'

plaster
الشّريطُ اللّاصِقُ للجُرح
ash-shareetu-l-laasequ lel gurh

suntan lotion
مرهمُ التّسمير
marhamu-t-tasmeer

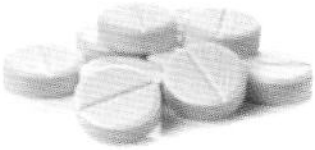

tablet/pill
أقراصُ الدّواء
aqraasu-d-dawaa'

antiperspirant
مُضادٌّ للعرق
mudaad lel'araq

conditioner
مُنَعِّمُ الشَّعر
muna'emu-sh-sha'er

mouthwash
غَسولُ الفم
ghasoulu-l-fam

razor
شفرةُ الحلاقة
shafratu-l-helaaqa

sanitary towel
الفوط الصّحيّة
al foutatu-s-suhheyya

shampoo
الشّامبو
ash-shampoo

shaving foam
معجونُ الحلاقة
ma'jounu-l-helaaqa

shower gel
سائلُ الاستحمام
saa'elu-l-estehmaan

soap
الصّابون
as-saaboun

tampon
سداداتٌ قطنيّة
sadaadaatun qotneyya

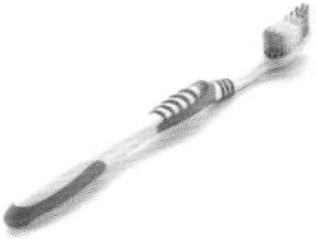

toothbrush
فُرشاةُ الأسنان
furshaatu-l-asnaan

toothpaste
معجونُ الأسنان
ma'jounu-l-asnaan

blusher
أحمرُ الخُدود
ahmaru-l-khudoud

comb
المُشط
almusht

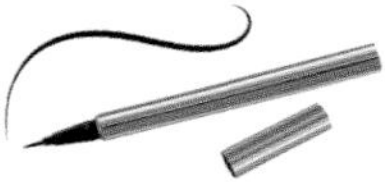

eyeliner
كُحلُ العَين
kuhlu-l-'ayn

eyeshadow
بودرةُ مُحيطِ العَين
boudratu muheetu-l-'ayn

foundation
فوندايشن
fawndayshen

hairbrush
فُرشاةُ الشّعر
furshaatu-sh-sha'r

hairspray
مُثبّتُ الشّعر
muthabbetu-sh-sha'r

lip balm
مُرطّبُ الشّفاه
murattebu-sh-shefaah

lipstick
أحمرُ الشّفاه
ahmaru-sh-shefaah

mascara
المسكارة
al maskara

nail varnish
طلاءُ الأظافِر
telaa'u-l-athaafer

powder
مسحوق التّجميل
mashouqu-t-tajmeel

If you intend to travel to any of the Arab countries with a baby, it may be possible to hire the equipment you require from specialist companies.

VOCABULARY

colic
المَغص
al maghs

nappy rash
طفحُ الحِفاظ
tafahu-l-hefaath

disposable nappy
الحِفاظُ القابلُ للاستعمال مرّةً واحدة
al hefaazu-l-qaabelu le-leste'maal marratan waaheda

to be teething
ظُهورُ الأسنان
thuhouru-l-asnaanto

to breast-feed
الرّضاعة
ar-redaa'a

CLOTHING

babygro®/sleepsuit
لِباسُ نومِ الطّفل
lebaasu nawme-t-tefl

bib
مَريَلة
maryala

bootees
حِذاءُ الطّفل
hethaa'u-t-tefl

mittens
قُفّازاتُ الطّفل
quffaazaatu-t-tefl

snowsuit
بدلةُ الطّفلِ المُبَطّنة
badlatu-t-tefle-l-mubattana

vest
ملابس الطّفل التّحتيّة
malabesu-t-tefle-t-tahteyya

baby food
طعامُ الطّفل
ta'aamu-t-tefl

baby lotion
مُرطّبُ جسمِ الأطفال
murattebu gesme-l-atfaal

baby's bottle
رضّاعة الطّفل
radda'atu-t-tefl

changing bag
حقيبةُ تغييرِ الحَفاظ
haqeebatu taghyeere-l-hafaath

cotton bud
عيدانُ القُطن
'eedaanu-l-qotn

cotton wool
القطن
al qotn

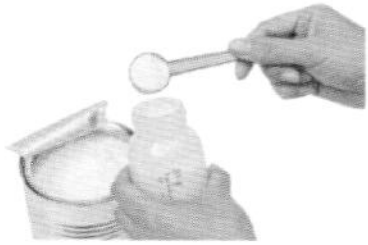

formula milk
الحَليبُ المُجفّف للأطفال
al haleebu-l-mugaffaf lel atfaal

nappy
الحفاظ
al hefaath

nappy cream
مرهمُ الحفاظ
marhamu-l-hefaath

rusk
بسكويت للأطفال
baskweet lel atfaal

talcum powder
بودرةُ الأطفال
boudratu-l-atfaal

wet wipes
فُوَطٌ مُبَلّلة
fuwatun muballala

baby bath
حوضُ استحمامِ الطّفل
hawdu-stehmaame-t-tefl

baby seat
كُرسي الطّفل
kurse-t-tefl

baby walker
مشّايةُ الطّفل
mashshaayatu-t-tefl

cot
سريرُ الطّفل
sareeru-t-tefl

dummy
اللّهاية
al-lahhaaya

highchair
كُرسيُّ الأكل
kurseyyu-l-akl

mobile
لعُبةٌ متحرّكةٌ للأطفال
lu'batun mutaharrekatun lel'atfaal

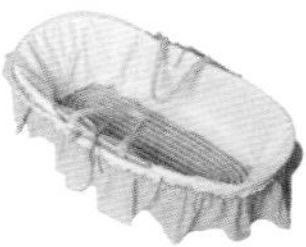

Moses basket
سلّةُ الطّفل
sallatu-t-tefl

pram
عربةُ الطّفل
'arabatu-t-tefl

pushchair
عربةُ الطّفل
'arabtu-t-tefl

teething ring
عضّاضةُ الطّفل
'addaadatu-t-tefl

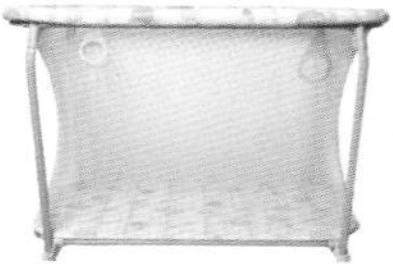

travel cot
السّرير المُتنقّل للطّفل
as-sareeru-l-mutanaqqelu leltefl

As well as newspapers and magazines, Arab newsagents may also sell tobacco, stamps, and tickets for local public transport.

VOCABULARY

tobacconist
بائعُ التّبغ
baa'e'u-t-tabgh

vendor
البائع
al baa'e'

broadsheet
ورقةُ إعلانات
waraqatu e'laanaat

kiosk
الكُشك
al koshk

tabloid
الصّحيفة
as-saheefa

stationery
القرطاسيّة
al qortaaseyya

daily
يوميّ
yawmey

weekly
أسبوعيّ
osbou'ey

book
الكتاب
al ketaab

cigar
السّيجار
as-seegaar

cigarette
السّيجارة
as-seegaara

comic book
كتابٌ هَزَليّ
ketaabun hazaley

confectionery
متجرُ الحلواني
matgaru-l-halawaanee

e-cigarette
السّيجارة الالكترونيّة
as-segaara-l-elektroneyya

envelope
المُغلّف
al mughallaf

greetings card
بِطاقةُ التّهنئة
betaaqatu-t-tahne'a

magazine
المجلّة
al magalla

map
الخريطة
al khareeta

newspaper
الجريدة
al gareeda

notebook
دفترُ الملاحظات
daftaru-l-mulaahathaat

pen
قلمُ الحِبر
qalamu-l-hebr

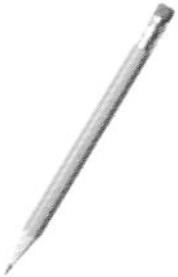

pencil
قلمُ الرّصاص
qalamu-r-rasaas

postcard
البطاقة البريديّة
al betaaqatu-l-bareedeyaa

puzzle book
كتابُ الألغاز
ketaabu-l-alghaaz

scratch card
بطاقةُ الكَشط
betaaqatu-l-kasht

stamp
الختم البريديّ
alkhatmu-l-bareedey

Department stores are a common sight in Arabic shopping districts. Note that all department stores are open from around 9 a.m. until almost 10 p.m.

YOU MIGHT SAY...

Where is the menswear department?
أينَ قسمُ ملابسِ الرّجال؟
ayna qesmu malaabese-r-rejaal?

Which floor is this?
أيُّ طابقٍ هذا؟
ayyu taabeqen haatha?

Can you gift-wrap this, please?
هل يمكنُكَ أن تُغلّفَ هذا، رجاءً؟
hal yumkenuka an tughallefa haatha rajaa'an?

YOU MIGHT HEAR...

Menswear is on the second floor.
ملابسُ الرّجالِ في الطّابقِ الثّاني.
malaabese-r-rejaale fe-t-taabeqe-th-thaanee.

This is the first floor.
إنّهُ الطّابقُ الأوّل.
ennahu-t-taabequ-l-awwal.

Would you like this gift-wrapped?
هل تريدُ هذا مغلّفا؟
hal tureedu haatha mughallafan?

VOCABULARY

brand
العلامةُ التّجاريّة
al 'alaamatu-t-tegaareyaa

counter
شُبّاكُ الدّفع
shubbaku-d-dafe'

department
القِسم
al qesm

floor
الطّابق
at-taabeq

escalator
الدّرجُ الكهربائيّ
ad-daragu-l-kahraba'ey

lift
المصعد
al mes'ad

toilets
الحمّامات
al hammaamaat

menswear
ملابسُ الرّجال
malaabesu-r-rejaal

womenswear
ملابسُ النّساء
malaabesu-n-nesaa'

sportswear
الملابسُ الرّياضيّة
al malaabesu-r-reyaadeya

swimwear
ملابسُ السّباحة
malaabesu-s-sebaaha

sale
التّصفيات
at-tasfeyaat

accessories
الأكسسوارات
al akseswaaraat

cosmetics
مُستحضراتُ التّجميل
mustahdaraatu-t-tajmeel

fashion
قسمُ الأزياء
qesmu-l-azyaa'

food and drink
المأكولاتُ الغذائيّة
al ma'koulaatu-l-ghethaa'eyya

footwear
الأحذية
al ahtheya

furniture
المفروشات
al mafroushaat

kitchenware
مستلزماتُ المطبخ
mustalzamaatu-l-matbakh

leather goods
السّلعُ الجلديّة
as-sela'u-l-geldeyya

lighting
الإنارة الكهربائيّة
al enaara-l-kahrabaa'eyya

lingerie
الملابسُ الدّاخليّةُ النّسائيّة
al malaabesu-d-daakheleyyatu-n-nesaa'eyya

soft furnishings
المفروشاتُ النّاعمة
al mafroushaatu-n-naa'ema

toys
الألعاب
al al'aab

Fashion shops can be found in all Arab countries, with international clothing collections from Europe and the United States. In the Gulf area you will also find small shops that sell only the national dress of the Arabian peninsula.

YOU MIGHT SAY...

I'm just looking.
أنا أنظرُ فقط، شكرًا.
ana anthuru faqat, shukran.

I'd like to try this on, please.
أريدُ أن أُجرّبَ هذا، رجاءً.
ureedu an ujarreba haatha, rajaa'an.

Where are the fitting rooms?
أينَ غُرفُ تبديلِ الملابس؟
ayna ghurafu tabdeele-l-malaabes?

I'm a size...
مقاسي هو...
maqaasee huwa...

Have you got a bigger/smaller size? (clothing)
هل لديكَ مقاسٌ أكبر/أصغر؟
hal ladayka maqaasun akbar/asghar?

Have you got a bigger/smaller size? (shoes)
هل لديكَ حذاءٌ بمقاسٍ أكبر/ أصغر؟
hal ladayka hethaa'un bemaqaasen akbar/asghar?

This is too small/big.
هذا صغيرٌ/كبيرٌ جدًا.
haatha sagheerun/kabeerun jeddan.

This is torn.
هذا مُمزّق.
haatha mumazzaq.

YOU MIGHT HEAR...

Let me know if I can help.
أخبرني إنِ احتجتَ للمساعدة.
akhbernee en-ehtajta lelmusaa'ada.

The fitting rooms are over there.
غُرفة تبديلِ الملابس هُناك.
ghurfatu tabdeele-l-malaabese hunaak.

What size are you? (clothing)
ما هو مقاسُك؟
maa huwa maqaasuk?

What size are you? (shoes)
ما مقاسُ قدمِك؟
maa maqaasu qadamek?

I'm sorry, it's out of stock.
أنا آسف، لم يعُد متوفّرًا.
anaa aasef, lam ya'ud mutawafferan.

That suits you.
هذا يُناسبُك.
haatha yunaasebuk.

VOCABULARY

fitting room
غرفةُ تبديلِ الملابس
ghurfatu tabdeele-l-malaabes

clothes/clothing
الملابس
al malaabes

shoes/footwear
الأحذية
ahtheya

underwear
ملابسُ داخليّة
malaabesu daakheleyya

wallet
المِحفظة
al mehfatha

purse/handbag
حقيبةُ اليد
haqeebatu-l-yad

jewellery
المُجَوهرات
al mujawharaat

scent
العِطر
al 'etr

umbrella
المِظَلَّة
al methalla

baseball cap
قُبّعة
qubba'a

woolly hat
قبّعةُ الصّوف
qubba'atu-s-souf

size (clothing)
مقاسُ الملابس
maqaasu-l-malaabes

size (shoe)
مقاسُ الحذاء
maqaasu-l-hezaa'

casual
غيرُ رسميّ
ghayru raseyyen

smart
الرسمي
alrasmi

wool
الصّوف
as-souf

cotton
القطن
al qotn

polyester
بوليستِر
bolyester

leather
الجلد
al jeld

silk
الحرير
al hareer

to try on
تجربةُ الملابس
tajrebatu-l-malaabes

CLOTHING

abaya
العباية
al abaaya

bikini
ملابسُ السّباحة النّسائيّة
malaabesu-s-sebaaha-n-nesaa'eyya

blouse
البلوزة
al blouza

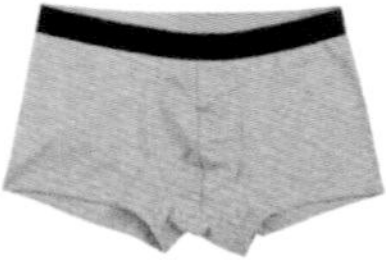

boxer shorts
البوكسر
al boxer

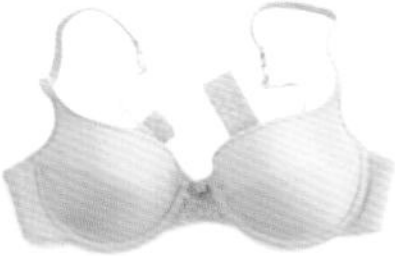

bra
حمّالةُ الصّدر
hammalatu-s-sadr

briefs
السّروالُ الدّاخلي
as-serwaalu-d-daakheley

cardigan
سترةٌ بالأزرار
sutratun bel azraar

coat
المِعطف
al me'taf

dress
الفُستان
al fustaan

dressing gown
روب الاستحمام
roab-l-estehmaam

jacket
السّترة
as-sutra

jeans
سروالُ الجينز
serwaalu-l-jeenz

jogging bottoms
سروالُ الرّياضة
serwaalu-r-reyaada

jumper
السُّترة
as-sutra

kandoura
كندورة
kandoura

pyjamas
ملابسُ النّوم
malaabesu-n-nawm

shirt
القميص
al qamees

shorts
الشّورت
ah-short

skirt
التّنّورة
at-tannoura

socks
الجوارب
al jawaareb

sweatshirt
البلوزة الثّقيلة
al blouza-th-thaqeela

swimsuit
ملابسُ السّباحة
malaabesu-s-sebaaha

(three-piece) suit
بدلةٌ كاملةٌ
badlatun kaamelatun

tie
ربطةُ العُنق
rabtatu-l-'onq

trousers
البنطال
al bentaal

T-shirt
التّيشرت
at-teeshert

waterproof jacket
معطف المطر
me'taf-l-matar

ACCESSORIES

belt
الحزام
al hezaam

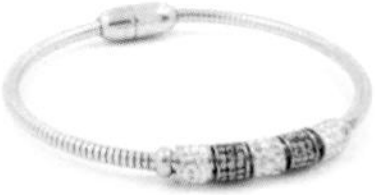

bracelet
الإسوارة
al eswara

earrings
الأقراط
al aqraat

gloves
القفّازات
al quffaazaat

necklace
القلادة
al qelaada

scarf
الشّال
ash-shaal

FOOTWEAR

boots
الحذاءُ الطّويل
al hezaa'u-t-taweel

high heels
الحذاءُ ذو الكعبِ العالي
al hethaa'u thu-l-ka'be-l-'aalee

lace-up shoes
حذاءٌ بِرِباط
hethaa'un berebaat

sandals
الصّنادل
as-sanaadel

slippers
الخُفّان
al khuffaan

trainers
الحذاءُ الرّياضيّ
al hethaa'u-r-reyaadey

From local retail and trade merchants to larger chain stores, there are many options available for anybody who is looking for some DIY essentials.

VOCABULARY

hardware shop
متجرُ المعدّاتِ والأجهزة
matgaru-l-ma'addaate wal ajheza

home improvements
التّحسيناتُ المنزليّة
at-tahseenatu-lmanzeleyya

tool
العُدّة
al 'udda

power tool
مَعدّاتُ الطّاقة
ma'addaatu-t-taaqa

toolbox
صندوقُ الأدوات
sandouqu-l-adawaat

painting
الطلاء
at-telaa'

decorating
الدّيكور
ad-deekor

plumbing
السّباكة
as-sebaaka

to do DIY
القيام بالإصلاحات المنزليّة
al qeyaamu be-l-eslaahaate-l-manzeleyya

chisel
الإزميل
al ezmeel

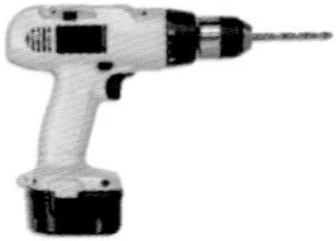

electric drill
المِثقاب الكهربائيّ
al methqaabe-l-kahrabaa'ey

hammer
مِطرقة
metraqa

nails
مسامير
masaameer

nuts and bolts
العزقات والبراغي
al 'azaqaat wa-l-baraaghee

paint
الطّلاء
at-telaa'

paintbrush
فُرشاةُ الطّلاء
furshaatu-t-telaa'

paint roller
رولُ الطّلاء
rolu-t-telaa'

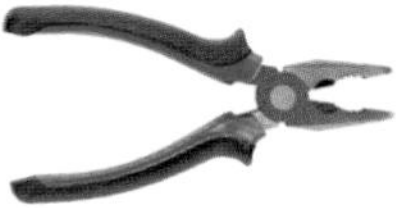

pliers
بَنسة
bansa

saw
منشارُ الخشب
menshaaru-l-khashab

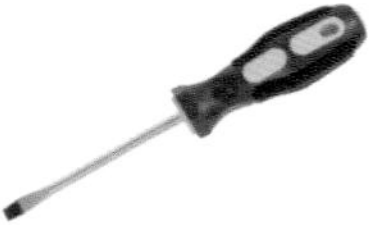

screwdriver
مفكّ البراغي
mefakku-l-baraaghee

screws
البراغي
al baraaghee

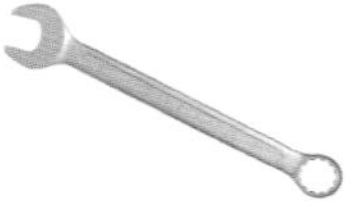

spanner
المفتاحُ الإنكليزي
al meftaahu-l-engleezee

spirit level
ميزانُ البنّائين
meezaanu-l-bannaa'een

stepladder
السّلّم
as-sullam

tiles
البلاط
al balaat

wallpaper
ورقُ الجدران
waraqu-l-gudraan

wrench
الرّنش
ar-rensh

antique shop
التّحفُ القديمة
attuhafu-l-qadeema

barber's
الحلّاق
al hallaaq

beauty bar
صالونالتّجميل
saaloune-t-tajmeel

bookshop
المكتبة
al maktaba

boutique
محلُّ بيع الملابس
mahallu bay'e-l-malaabes

car showroom
صالةُ عرضِ السّيّارات
saalatu 'arde-s-sayyaraat

electrical retailer
متجرُ الأدواتِ الكهربائيّة
matjaru-l-al adawaate-l-kahrabaa'eyya

estate agency
مكتبٌ عقاريّ
maktabun 'eqaarey

florist's
متجرُ بيعِ الزّهور
matjaru bay'e-z-zuhour

furniture store
متجر المفروشات
matjaru-l-mafroushaat

garden centre
المشتل
al mashtal

hairdresser's
الحلّاق
al hallaaq

health food shop
متجرُ المأكولات الصحية
matgaru-l-ma'koulaate-l-'alsehiya

jeweller's
متجرُ المجوهرات
matjaru-l-mugawharaat

juice bar
محلّ بيعِ العصائر
mahallu bay'e-l-'asaa'er

music shop
مَتجرُ الآلاتِ الموسيقيّة
matjaru-l-aalaate-l-mouseeqeyya

off-licence
مَتجرٌ مُرخَّصٌ لبيعِ الكحول
matjarun murakhkhasun lebay'e-l-kuhool

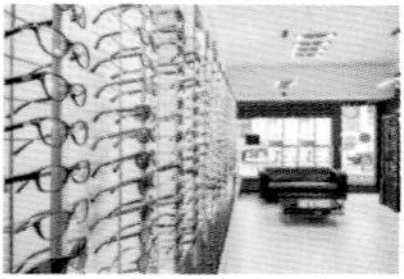

optician's
أخصّائيُّ الأدواتِ البصريّة
'akhessaa'eyyu-l-'adawaate-l-basareyya

pet shop
مَتجرُ بيعِ الحيوانات الأليفة
matjaru bay'e-l-hayawaanate-l-aleefa

phone shop
مَتجرُ بيع الهواتف
matjaru bay'e-l-hawaatef

shoe shop
مَتجرُ الأحذية
matjaru-l-ahtheya

spices shop
متجرُ بيع التّوابل
matjaru bay'e-t-tawaabel

toyshop
متجرُ الألعاب
matjaru-l-al'aab

travel agent's
وكالةُ السّفريّات
wakaalatu-s-safreyyaat

DAY-TO-DAY | اليوميّات

Business meetings, meals with friends or courses of study... whatever your day-to-day schedule looks like during your time in any of the Arab countries, you will require some basic vocabulary when going on errands, planning outings, and going about your everyday business.

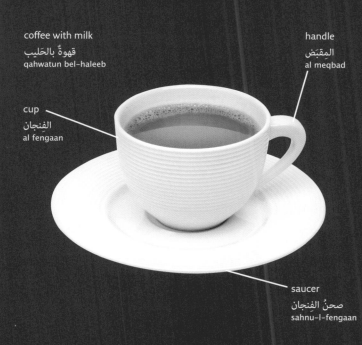

Here are a few basic words and phrases for describing your day-to-day routine and making plans with others.

YOU MIGHT SAY...

Where are you going?
أينَ تذهب؟
ayna tathhab?

What are you doing today/tonight?
ماذا تريدُ أن تفعلَ اليوم/اللّيلة؟
maatha tureedu an taf'ala-l-yawm/allayla?

Are you free on Friday?
هل أنتَ متفرّغٌ يومَ الجُمعة؟
hal anta mutafarreghun yawma-l-jum'a?

Would you like to meet up?
هل تريدُ أن نلتقي؟
hal tureedu an naltaqee?

Where/When would you like to meet?
أينَ/مَتى تريدُ أن نلتقي؟
ayna/mataa tureedu an naltaqee?

YOU MIGHT HEAR...

I'm at work/uni.
أنا في العَمل/في الجامعة.
ana fe-l-'amal/fe-l-jame'a.

I have a day off.
لديّ يومُ إجازة.
ladayya yawmu ejaaza.

I'm planning to...
أنا أخطِّطُ لـ....
ana ukhattitu le...

I'll meet you at...
سألتَقيكَ عندَ...
sa 'altaqeeka 'enda...

I can't meet up then, sorry.
لا أستطيعُ لقاءَك في هذا الوقت،آسف.
la astati'u leqa'aka fee hatha-l-waqt, aasef.

VOCABULARY

to wake up
استيقَظَ
estayqaza

to get dressed
لَبِسَ
labesa

to study
دَرَسَ
darasa

to work
عَمِلَ
'amela

to meet friends
اِلتقى الأصدقاء
'eltaqa-l-asdeqa

to go to bed
ذهبَ إلى الفِراش
thahaba ela-l-feraash

BREAKFAST | الفُطور

In Arab countries, breakfast tends to be a heavier meal than it is in other countries. Most people will eat breakfast at home as opposed to on the go.

YOU MIGHT SAY...

May I have...?
هل يُمكنُني الحصولُ على...؟
hal yumenunee-l-husoulu 'ala...?

YOU MIGHT HEAR...

What would you like?
ماذا ترغبُ؟
matha targhabu?

VOCABULARY

bread and butter
خبزٌ وزُبدة
khubzun wa zubda

bread and jam
خُبزٌ ومُرَبّى
khubzun wa murabba

to have breakfast
تناولَ الفُطور
tanaawala-l-futoor

YOU SHOULD KNOW...

In Arab countries, eating breakfast as a family is a part of the Arabic culture.

Arabic bread
خُبزٌ عربيّ
khubzun 'arabey

boiled eggs
بيضٌ مسلوق
baydun maslouq

cereal
حُبوبُ الفُطور
huboobu-l-futour

coffee
القهوة
al qahwa

coffee with milk
قهوةٌ بالحليب
qahwatun bel-haleeb

croissant
كرواسون
kroisson

foul mudammas

فولٌ مُدمّس

foulun mudammas

fried eggs

بيضٌ مَقليّ

baydun maqley

jam

مُربّى

murabba

milk

الحَليب

al haleeb

olives

الزّيتون

az-zaytoun

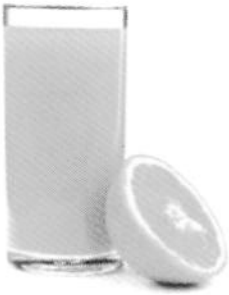

orange juice

عصيرُ البُرتُقال

'aseeru-l-burtuqaal

tea

الشّاي

ash-shaay

People in Arab countries often like to invite guests for lunch. It is important to the hosts that the lunch invitation is accepted.

YOU MIGHT SAY...

What's for dinner?
ماذا هُناك للعشاء؟
mathaa hunaaka le-l-'ashaa'?

What time is lunch?
متى وقتُ الغداء؟
mataa waqtu-l-ghadaa'?

May I have...?
هل يُمكِنني الحُصول على...؟
hal yumkinune-l-husoulu 'alaa...?

Can I try it?
هل يُمكِنني تذوّقُها؟
hal yumkinunee tathawwuquha?

YOU MIGHT HEAR...

We're having ... for dinner.
سنأكُلُ... على العشاء.
sana'kulu...'ala-l-'ashaa'.

Lunch is at midday.
سيكون الغداء وقتَ الظّهيرة.
sayakounu-l-ghada'u waqta-th-thaheera.

Dinner's ready!
العشاءُ جاهز.
al 'ashaa'u gaahezun.

Would you like...?
هل تريدُ...؟
hal tureedu...?

VOCABULARY

lunch
الغداء
al ghadaa'

courses
الوجَبات
al wajabaat

to have lunch
تناولَ الغداء
tanawala-l-ghadaa

dinner
العشاء
al 'ashaa'

digestif
شرابٌ مُهضّم
sharaabun muhaddem

to have dinner
تناولَ العشاء
tanawala-l-'ashaa'

YOU SHOULD KNOW...

In Arab countries, bread and rice are often the staple ingredients of many meals.

cheese rolls
رقائق الجُبنة
raqaaeq-ul-gobna

cold meats
لحوم باردة
luhoumun bareda

garlic bread
خبزٌ بالثّوم
kubzun be-th-thoum

green salad
سلطةُ خُضار
salatatu khudaar

houmous with sesame paste
حمّص بالطَّحينة
hommos be-t-taheena

soup
الشّوربا
ash-shorba

spring rolls
رقائق الخُضار
raqaaequ-l-khudaar

stuffed bakery products
فطائرُ منوّعة
fata'eru munawwa'aa

tabbouleh
تبّوله
tabbouleh

chips

البطاطا المَقليّة

al batata-l-maqleyya

cooked vegetables

خُضارٌ مَسلوقة

khudaarun masluqa

couscous

كُسكُس

couscous

mixed salad

السّلطة المُنوَّعة

assalata-l-munawwa'a

fresh vegetables

خُضارٌ طازجة

khudaarun taazaja

pasta

المعكرونة

al ma'karuna

potatoes

البطاطا

al bataata

rice

أرُزّ

aruzz

yoghurt

لَبَن

laban

chicken Kabsa

كَبسَه

kabsaa

chicken Mandi

مَندي دجاج

mandi dagaag

falafel

فَلافِل

falaafel

grilled fish

السّمكُ المَشويّ

assamaku-l-mashweyy

grilled meat

اللّحمٌ المَشوي

allahmu-l-mashwey

mansaf

مَنسَف

mansaf

potato stew

يَخنةُ بطاطا

yakhnatu bataata

stuffed chicken

دَجاجٌ محشيّ

dagaagun mahsheyy

white beans with rice

فاصوليا وأرُزّ

fasouleya wa aruzz

apple tart
فطيرةُ التُّفّاح
fateeratu-t-tuffaah

chocolate cake
قالبُ حلْوى بالشّوكولاتة
qaalebu halwa be-sh-shokolaata

chocolate mousse
حَلوى الشّوكولاتة
halwa-sh-shokolata

crème caramel
كريم كاراميل
kreem karamel

fruit tart
فطيرةُ الفواكِه
fateeratu-l-fawakeh

ice cream
مُثلَّجات
muthallagaat

lemon tart
كعكة اللّيمون
fateeratu-l-laymoun

pancakes
فطائر مُحلّاة
fata'er muhallaat

rum baba
بابا روم
baba roum

Arabic cuisine boasts a variety of dishes from different Arab countries like Lebanon, Egypt, Jordan, Syria, Iraq, Saudi Arabia, and the UAE.

YOU MIGHT SAY...

I'd like to make a reservation.
أوَدُّ أن أحجِز.
awaddu an ahgez.

A table for four, please.
طاولةٌ لأربعةِ أشخاصٍ لو سمحتَ.
tawilatun li arba'ati ashkhaasen, law samaht.

We're ready to order.
نَحنُ جاهزونَ للطّلب.
nahnu jaahezoun le-t-talab.

What would you recommend?
بماذا تنصح؟
bemaatha tansah?

What are the specials today?
ما أطباقُ اليوم؟
maa atbaqu-l-yawm?

I'm allergic to...
عندي حَساسيّةٌ تجاه...
'endee hasaaseyya tejah...

Excuse me, this is cold.
لو سَمَحتَ، هذا باردٌ.
law samahta, hathaa baredun.

This is not what I ordered.
هذا ليسَ ما طلبْتُ.
hathaa laysa ma talabtu.

May we have the bill, please?
هل يُمكِنُنا الحُصولُ على الحِسابِ، لو سمَحتَ؟
hal yumkenuna-l-husoulu 'ala-l-hesaabe law samaht?

YOU MIGHT HEAR...

At what time?
في أيّ وقت؟
Fee ayye waqt?

How many people?
كم شخصًا؟
kam shakhsan?

Sorry, we're fully booked.
للأسف، المكان محجوزٌ بالكامِل.
le-l-asaf, al makaanu mahjouzun be-l-kaamel.

Would you like anything to drink?
هل تريدُ أن تشربَ شيئًا؟
hal tureedu an tashraba shay'an?

YOU MIGHT HEAR...

Are you ready to order?
هل أنتَ جاهِزٌ كي تطلب؟
hal anta jahezun kay tatlub?

I would recommend...
أنصَحُ بـ...
ansahu be...

The specials today are...
أطباقُ اليومِ هي...
atbaaqu-l-yawme heya...

Enjoy your meal!
استمتعْ بوجبَتِكَ!
estamte' be wajbatek!

VOCABULARY

set menu
قائمةُ الطّعام
qaa'ematu-t-ta'aam

daily specials
الأطباقُ اليوميّة
al atbaaqu-l-yawmeyya

service charge
ثَمَنُ الخِدمة
thamanu-l-khedma

tip
بَخشيش
bakhsheesh

vegetarian
نباتيٌّ آكِلٌ لبعضِ المُشتقّاتِ الحيوانيّة
nabaateyyun 'aakelun leba'de-l-mushtaqqaate-l-hayawaaneyya

vegan
نباتيٌّ غيرُ آكلٍ لأيّة مُشتقّاتٍ حيوانيّة
nabaateyyun ghayru 'aakelen le'ayyate mushtaqqaaten hayawaaneyya

to order
طَلَبَ
talaba

to ask for the bill
طَلَبَ الحِساب
talaba-l-hesaab

to be served
قدّمَ الطّعام
qaddama-t-ta'aam

GENERAL

bar
بار الشّراب
baru-sh-sharaab

bill
الفاتورة
al fatoura

bread basket
سلّةُ الخُبز
sallatu-l-khubz

chair

الكُرسيّ

al kursey

cheese knife

سِكّينُ الجُبنة

sekkeenu-l-gubna

fish knife

سِكّينُ السّمك

sekkeen-us-samak

menu

قائمةُ الطّعام

qaa'ematu-t-ta'aam

jug of water

إبريقُ الماء

ebreequ-l-maa'

salt and pepper

المَلحُ والبَهار

al malhu wa-l-bahaar

steak knife

سِكّين اللّحم

sekkeenu-l-lahm

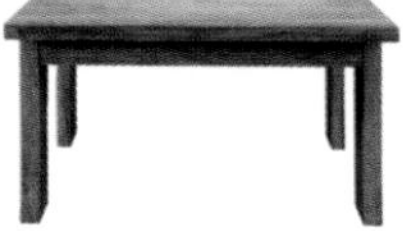

table

الطّاولة

at-taawela

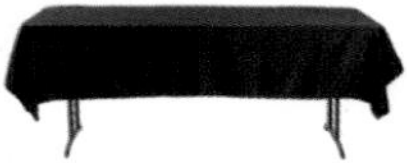

tablecloth

شَرشَف الطّاولة

sharshafu-t-taawela

toothpicks

عيدانُ الأسنان

'eedanu-l-asnaan

vinegar and oil

الخَلُّ والزَّيت

al khallu wa-z-zayt

waiter/waitress

النّادل/النّادلة

an-naadel/an-naadela

TABLE SETTING

dinner plate

الصّحنُ

as-sahnu

napkin

الفوطة

al fouta

water glass

كوبُ الماء

koubu-l-maa'

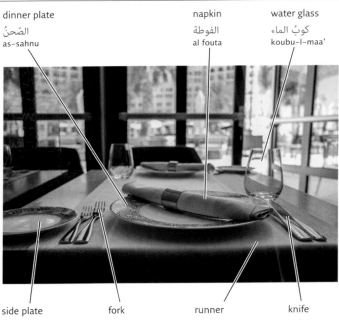

side plate

صَحنٌ جانبيّ

sahnun gaanebey

fork

الشّوكة

ash-shawka

runner

شرشف الطاولة

sharshaf-l-tawela

knife

السّكّين

as-sekkeen

Fast food may not be the first thing you think of when it comes to Arabic dining, but there are still plenty of options for eating on the go.

YOU MIGHT SAY...

I'd like to order, please.
أودُّ أن أطلبَ، رجاءً.
awaddu an atluba, raja'an.

Do you deliver?
هل تقومُ بتوصيل الطّلبات؟
hal taqoumu betawseele-t-talabaat?

I'm sitting in/taking away.
سأتناولُ الطّعامَ في المطعم/سآخذه معي خارجَ المطعم.
sa'atanawalu-t-ta'aama fel mat'am/ sa'aakhuthuhu khaarega-l-mat'am.

YOU MIGHT HEAR...

Can I help you?
هل يُمكنني مساعدتُك؟
hal yumkenunee musaa'adatuka?

Sit-in or takeaway?
ستتناولُ الطّعام في المَطعم أم ستأخذه معك؟
satatanaawalu-t-ta'aama fel mat'am am sata'khuthuhu ma'ak?

We do/don't do delivery.
نقومُ/لا نقومُ بتوصيل الطّلبيّات.
naqoumu/laa naqoumu betawseel-et-talabaat.

VOCABULARY

fast-food chain
سلسلةُ مطاعِمِ الوَجباتِ السّريعة
selselatu mataa'eme-l-wagabaate-s-saree'a

food stall
كُشكُ المأكولات
kushku-l-ma'koulaat

street food
مأكولاتُ الشّارع
ma'koulaatu-sh-shaare'

vendor
البائع/البائعة
al baa'e'/al baa'e'a

drive-thru
مكان استلام الطعام للسيارات
makaanu-s-stelaame-t-ta'aame les-sayyaaraat

an order to go/ a takeaway
الطّلبيّةُ جاهزة
at-talabeyyatu jaaheza

delivery charge
رسوم التوصيل
rusoom-t-tawseel

to place an order
القِيامُ بالطّلب
al qeyaamu be-t-talab

to collect an order
استلامُ الطّلب
estelaamu-t-talab

burger

هَمبرغر

hamburger

fries

بطاطا مَقليّة

batata maqleyya

grilled meat kebab

اللّحمُ المَشويّ

al lahmu-l-mashwey

halloumi cheese sandwich

سندويش جُبنةِ حلّوم

sandwesh gobnate halloum

hot dog

هوت دوغ

hot dog

omelette

عجة

ojjah

pancakes

فطائر مُحلّاة

fata'er mohallaat

pizza

بيتزا

peetza

shawarma wrap

شوارما

shawarma

sushi

سوشي

soushee

tawouk sandwich

سندويش طاووق

sandwesh tawoul

toasted sandwich

سندويشُ

sandweshu

Technology plays a huge role in people's everyday lives. A mere click, tap, or swipe helps us to stay in touch with friends and family, keep up to date with what's going on, and find the information we need.

YOU MIGHT SAY/HEAR...

I'll phone/text you later.
سأتّصلُ بك/ أرسلُ لكَ رسالةً نصّيّة لاحقًا.
sa'attaselu bek/urselu laka resaalatan nasseyyatan laaheqan.

I'll email you.
سأرسلُ لكَ إيميل.
sa'urselu laka email/resaalatan elektroneyya.

Can I call you back?
هل يمكنني مُعاودةُ الاتّصال بك؟
hal yumkenunee mu'aawadatu-lettesaale bek?

This is a bad line.
الاتّصالُ سيّء.
al ettesaalu sayye'.

I don't have any signal.
ليسَ لديّ أيّةُ إشارة.
laysa ladayya ayyatu eshaaraten.

May I have your email address?
هل أستطيع الحصول على عنوان بريدك الإلكتروني؟
hal yumkenune-l-husoulu 'ala bareedeka-l-elektroney?

The website address is...
عنوانُ الموقع...
'unwaanu-l-mawqe'...

What's the WiFi password?
ما هي الكلمةُ السّرّيّةُ للواي فاي؟
ma heya-l-kalematu-s-serreyaatu lel WIFI?

It's all one word.
إنّها كلمةٌ واحدة.
ennaha kalematun waaheda.

It's upper/lower case.
إنّها بحروفٍ كبيرة/صغيرة.
ennaha behuroufen kabeera/sagheera.

VOCABULARY

post
نَشَرَ (على مواقع التّواصل الاجتماعيّ)
nashara ('ala mawqe'e-t-tawaasole-l-'egtemaa'ey)

social media
وسائلُ التّواصلِ الاجتماعيّ
wasaa'elu-t-tawaasolel-ejtemaa'ey

email
البريدُ الإلكترونيّ
al bareedu-l-elektroney

email address

عنوانُ البريد الإلكترونيّ
'unwaanu-l-bareede-lelektroney

internet

الاِنتِرنَت
al enternet

WiFi

الواي فاي
al WIFI

website

موقعُ الانترنت
mawqe'u-l-enternet

link

الرّابط
ar-raabet

icon

الرّمز
ar-ramz

app

التّطبيق
at-tatbeeq

data

البيانات
al bayanaat

mobile phone

الجوّال
al gawwaal

landline

الخطّ الأرضيّ
al khattu-l-ardey

phone call

الاتّصالُ الهاتفيّ
al ettesaalu-l-haatefey

text message

الرّسالةُ النّصيّةُ القصيرة
ar-resalatu-nnasseyyatu-l-qaseera

phone signal

إشارةُ الهاتف
eshaaratu-lhaatef

voice mail

الرّسالةُ الصّوتيّة
ar-resaalatu-s-sawteyya

touchscreen

شاشةُ اللّمس
shaashatu-l-lams

button

زرُّ التّشغيل
zerru-ttashgheel

battery

البطّاريّة
al battaareyya

cable

السّلك
as-selk

to make a phone call

اِتّصَلَ هاتفيًّا
ettasala haatefeyan

to send a text

رسالةً نصّيةً قصيرةأرسلَ
arsala resaalatan nasseyyatan qaseera

to post (online)

نشرَ
nashara

to download/upload

نزّلَ/ حمّلَ
nazzala/hammala

to charge your phone

شحنَ هاتفَهُ
shahana haatefahu

to switch off/on

أوقفَ التّشغيل/شغَّل
awqafa-t-tashgheel/shaghghala

YOU SHOULD KNOW...

All Arabic keyboards on computers contain both Arabic and Latin letters, the latter being necessary for URLs and email addresses. Since Arabic is written from right to left, when typing with an Arabic keyboard, the letters will start appearing from the right-hand side of the screen.

charger

الشّاحن

ash-shaahen

phone case

غطاءُ الهاتف

ghetaa'u-l-haatef

power pack

البطّاريّةُ الخارجيّة

al battareyyatu-lkhaaregeyya

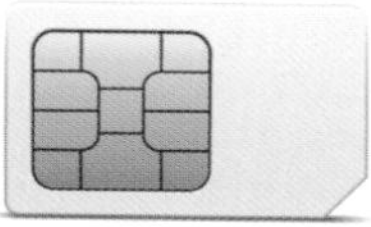

SIM card

شريحةُ الهاتف

shareehatu-l-haatef

smartphone

الهاتفُ الذّكي

al haatefu-th-thakey

USB stick

يو أس بي

USB

wireless router

رَوتر لاسلكي

rawter laaselkey

Compulsory education in the Arab world begins at age 6 through to age 16. Nursery schooling is optional.

YOU MIGHT SAY...

What are you studying?
ماذا تدرُس؟
maatha tadrus?

What year are you in?
في أيّ سنةٍ أنت؟
fee ayye sanaten ant?

What's your favourite subject?
ما مادّتُك المُفضّلة؟
maa maddatuka-l-mufaddala?

YOU MIGHT HEAR...

I'm studying...
أنا أدرُس...
ana adrus...

I'm in Year 6/my final year.
أنا في السّنَةِ السّادسة/سنتي الأخيرة.
ana fe-s-sanate-s-saadesa/sanatee-l-'akheera.

VOCABULARY

nursery school
رياضُ الأطفال
reyaadu-l-'atfaal

primary school
المدرسةُ الابتدائيّة
al madrasatu-l-ebtedaa'eyya

secondary school
المدرسة الثّانويّة
al madrasatu-th-thaanaweyya

higher education
الدراسات العليا
ad-deraasaatu-l-'ulya

university
الجامعة
aljame'a

pupil
التّلميذ/التّلميذة
at-telmeeth/at-telmeetha

teacher
الأستاذ/الأستاذة
al ustaath/al ustaatha

headteacher
المُدير/المديرة
al mudeer/al mudeera

classroom
غُرفةُ الصّفّ
ghurfatu-s-saff

janitor
الحارس
al haares

timetable
الجَدوَل
al jadwal

lesson
الدّرس
ad-dars

lecture
المُحاضرة
al mouhaadara

tutorial
الأستاذُ الخصوصيّ
al ustaathu-l-khusousey

homework
الواجبُ المنزليّ
al waajebu-l-manzeley

exam

الامتحان

al emtehaan

degree

الشّهادة (الجامعيّة)

ash-shahaada (al jame'eyya)

undergraduate

قبلَ التخرّج من الجامعة

qabla-t-takharruj mena-l-jaame'a

postgraduate

مرحلةُ الدّراسات العُليا

marhalatu-d-deraasate-l-'ulya

halls of residence

السّكنُ الجامِعيّ

assakanu-l-gaame'ey

student union

إتّحادُ الطّلبة

ettehadu-t-talaba

student card

بِطاقةُ التّلميذ

betaaqatu-t-telmeez

to learn

تعلّمَ

ta'allama

to teach

درّسَ

darrasa

to study

درسَ

darasa

to revise

راجَعَ

raaja'a

to sit an exam

قام بالجلوس للامتحان

qaama be-l-gulouse-lel-emtehaan

to graduate

تَخَرّجَ

takharraja

SCHOOL

colouring pencils

أقلامُ التّلوين

aqlaamu-t-talween

eraser

الممِحاة

al memhaat

exercise book

دفترُ التّمارين

daftaru-t-tamaareen

paper

الورق

al waraq

pen

قلمُ الحِبر

qalamu-l-hebr

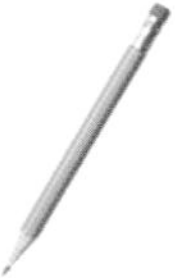

pencil

قلمُ الرّصاص

qalamu-r-rasaas

pencil case

عُلبةُ الأقلام

'ulbatu-l-aqlaam

ruler

المِسطرة

al mestara

schoolbag

الحقيبة

al haqeeba

sharpener

المِبراة

al mebraat

textbook

الكِتاب

al ketaab

whiteboard

اللّوح الأبيض

al lawhu-l-abyad

HIGHER EDUCATION

cafeteria

المَقصَف

al maqsaf

campus

الحَرمُ المَدرسيّ

al haramu-l-madrasey

lecture hall

قاعةُ المُحاضرات

qaa'atu-l-muhaadaraat

lecturer

الأستاذُ المُحاضِر

al 'ustaathu-l-muhaader

library

المكتبة

al maktaba

student

التّلميذ/التّلميذة

at-telmeeth/at-telmeetha

Office hours vary from one Arabic country to another. Many businesses will have a lunch break of 1 hour, although some will have a prayer break instead for a maximum of 1 hour.

YOU MIGHT SAY/HEAR...

Can we arrange a meeting?
هل يُمكننا ترتيبُ اجتماع؟
hal yumkenunaa tarteebu ejtemaa'?

Are you free this morning?
هل أنتَ متفرِّغٌ هذا الصّباح؟
hal anta mutafarreghun haatha-s-sabaah?

May I speak to...?
هل يُمكنني التحدّث إلى...؟
hal yumkenunee-t-tahadduthu ela...?

What's your number?
ما هوَ رقمُ هاتفِك؟
maa huwa raqmu haatefek?

I have a meeting with...
عندي اجتماعٌ مع...
'endee egtemaa'un ma'...

I'll email the files to you.
سأرسِلُ لكَ الملفّاتِ عبر الإيميل.
sa'urselu laka-l-malaffaate 'abra-lemail.

Who's calling?
مَنْ يتّصل؟
man yattasel?

Here's my business card.
هذه بطاقةُ العَمل خاصّتي.
hathehe betaaqatu-l-'amal khassatee.

VOCABULARY

manager
المدير/المديرة
al mudeer/al mudeera

staff
فريقُ العمل
fareequ-l-'amal

colleague
الزّميل/الزّميلة
az-zaameel/az-zameela

client
الزّبون
az-zuboun

human resources
الموارِدُ البشريّة
al mawaaredu-l-bashareyya

accounts
المُحاسبة
al muhaasaba

figures
الأرقام
al arqaam

spreadsheet
الجدول
al jadwal

presentation
عَرض
'ard

report

التّقرير

at-taqreer

meeting

الاجتِماع

al ejtemaa'

conference call

مؤتمرٌ عبرَ الاتّصال

mu'tamarun 'abra-l-ettesaal

video conference

مؤتمرٌ عبر الفيديو

mu'tamarun 'abra-l-video

screen

الشّاشة

ash-shaasha

keyboard

لوحةُ المفاتيح

lawhatu-lmafaateeh

mouse

الماوس

al fara

attachment

المُرفَق

al murfaq

inbox

صندوقُ الوارد

'ulbatu-l-waared

username

اسمُ المستخدم

esmu-l-mustakhdem

password

كلمةُ السّر

kalematu-s-serr

ink cartridge

المَحبرة

al mahbara

to click on

لنَّقرِ عليه

len-naqre 'alayhe

to type

كتبَ

kataba

to give a presentation

قدّمَ عرضًا

qaddama 'ardan

to hold a meeting

عقدَ اجتِماعًا

'aqada ejtemaa'an

to log on/off

أدارَ/أطفأَ

adaara/atfa'a

YOU SHOULD KNOW...

At lunchtime, it is common to order food to the business premises rather than going out for lunch. Eating with colleagues is the accepted practice in the Arab world.

calculator

الآلةُ الحاسبة

al aalatu-l-haaseba

computer

الكومبيوتر

al kumputer

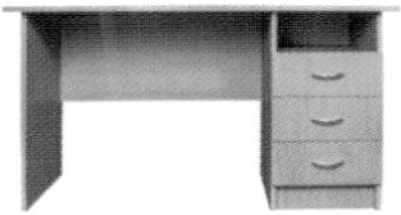

desk

المكتب

al maktab

desk lamp
مِصباحُ المكتب
mesbaahu-l-maktab

filing cabinet
خزانةُ الملفّات
khezaanatu-l-malaffaat

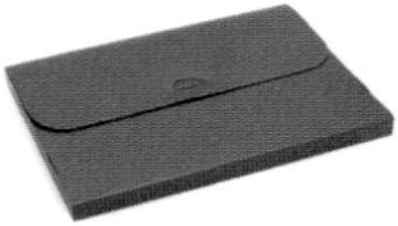

folder
ملفُّ الأوراق
malaffu-l-awraaq

fountain pen
قلمُ الحِبر
qalamu-l-hebr

hole punch
خرّامةُ الأوراق
kharraamatu-l-awraaq

in/out tray
أدراجُ الأوراق الدّاخلة والخارجة
adraagu-l-awraaqe-d-daakhela wa-l-khaareja

laptop
حاسوبٌ محمول
haasoubun mahmoul

mouse mat
لوحةُ الفأرة
lawhatu-l-fara

notepad
كُتيّبُ الملاحظات
kutayyebu-l-mulaahazaat

paper clip
مِشبَكُ الأوراق
meshbaku-l-awraaq

photocopier
آلةُ تصوير
aalatu tasweer

printer
الطّابعة
attaabe'a

ring binder

ملف الأوراق

malaf-l-awraq

scanner

الماسح الضّوئي

al maasehu-d-daw'ey

scissors

مقص

meqass

stapler

مكبس

makbas

sticky notes

ورقُ المُلاحظاتِ اللّاصق

waraqu-l-mulaahazaate-l-laaseq

sticky tape

الشّريطُ اللّاصق

ash-shareetu-l-laaseq

swivel chair

الكُرسي

al kursee-l-mutaharrek

tablet

تابلِت

tablet

telephone

الهاتف

al haatef

In some Arab countries, such as the UAE and Saudi Arabia, banks are open from Sunday to Thursday; in others, like Lebanon, banks are open from Monday to Friday. Many banks also open on Saturday mornings.

YOU MIGHT SAY...

I'd like to...
أودّ أن...
awaddu an...

... open an account.
فتحُ الحساب...
...fathu-l-hesaab

... register for online banking.
التّسجيل في الخدمة المصرفيّة عبر الانترنت.
...attasgeel fe-l-khedma al masrefeyya 'abra-l-enternet.

Is there a fee for this service?
هل هناكَ رسومٌ لهذه الخدمة؟
hal hunaka rusoumun lehaathehe-l-khedma?

I need to cancel my debit/credit card.
أريدُ أن ألغيَ بطاقة حِسابي/بطاقتي الإئتمانيّة.
ureedu an ulgheya betaaqata hesaabee/betaaqate-l-e'temaaneyya.

YOU MIGHT HEAR...

May I see your ID, please?
هل يمكنني أن أرى بطاقةَ هُويّتِك، رجاءً؟
hal yumkenunee an ara betaaqata huweyyateka, rajaa'an?

How much would you like to withdraw/deposit?
كمْ من المالِ تُريدُ أن تسحب/تودع؟
kam mena-l-maale tureedu an tashab/toude'?

Could you enter your PIN, please?
هل يمكنُكَ إدخال رقمَكَ السّريّ، رجاءً؟
hal yumkenuka edkhaalu raqmaka-s-serrey, rajaa'an?

You must fill out an application form.
يجبُ أن تملأَ الطّلب.
yagebu an tamla'a-t-talab.

You have to make an appointment.
يجبُ أن تحجزَ موعدًا.
yajebu an tahguza maw'adan.

There is a fee for this service.
ثمّة رسومٌ لهذه الخِدمة.
thammata rusoumun le haathehe-l-khedma.

branch
فرعُ البنك
far'u-l-bank

cashier
المُحاسِبة/المُحاسِب
al muhaaseb/al muhaaseba

online banking
التّعامل البنكيّ عبر الانترنت
atta'aamule-l-bankey 'abra-l-enternet

bank account
الحسابُ البنكيّ
al hessabu-l-bankey

current account
الحسابُ الجاري
al hesaabu-l-gaaree

savings account
حسابُ التّوفير
hesaabu-t-tawfeer

account number
رقمُ الحساب
raqmu-l-hesaab

bank balance
الرّصيدُ البنكيّ
ar-raseedu-l-bankey

overdraft
السّحبُ الزّائد
as-sahbu-z-zaaed

interest
الفائدة
al faa'eda

bank transfer
تحويلُ الأموالِ عبر البنك
tahweelu-l-amwaale 'abra-l-bank

chequebook
دفترُ الشّيكّات
daftaru-sh-shekkaat

currency
العُملة
al 'umla

loan
القرض
al qard

mortgage
الرّهن
arrahn

to borrow
استعارَ
esta'aara

to repay
عوّضَ
'awwada

to withdraw
سحبَ
sahaba

to make a deposit
أودعَ
awda'a

to change money
صرَّفَ النّقود
sarrafa-n-nuqoud

YOU SHOULD KNOW...

In Arab countries, all cash machines will give you the option of carrying out transactions, either in English or in Arabic.

ATM

الصّراف الآلي

as-sarraafu-l-'aaley

banknotes

الأوراق النّقديّة

al awraaqu-n-naqdeyya

bank statement

كشفُ حسابٍ

kashfu hesaaben

bureau de change

الصرّاف

assarraaf

card reader

قارئُ البطاقة الإِئتمانيّة

qaare'u-l-betaaqate-l-e'temaaneyya

coins

عُملاتٌ مَعدِنيّة

'umlaatun ma'deneyya

exchange rate

سعرُ الصّرف

se'ru-s-sarf

debit/credit card

بطاقةُ الحِساب/البطاقةُ الإِئتمانيّة

betaaqatu-l-hesaab/al betaaqatu-l-e'temaneyya

safety deposit box

صندوقُ الأمانات

sundouqu-l-amaanaat

Opening hours for post offices vary widely from place to place, so check what times the local branch opens and closes. You should also note that some postboxes will have one slot for local mail and one for destinations further afield.

YOU MIGHT SAY...

I'd like to send this first-class/ by airmail.

أودُّ إرسال هذا البريد في خدمةِ الدّرجة. الأولى/بالطّائرة

awaddu ersaala haatha-l-bareede fee khedmate-d-daragate-l'oula/betta'era.

Can I get a certificate of postage, please?

هل يمكنني الحصولُ على وصل أجرةِ البريدِ رجاءً؟

hal yumkenune-l-husoulu 'ala wasl 'ugrate-l-l-bareede law samaht?

YOU MIGHT HEAR...

Place it on the scales, please.

ضعهُ على الميزان، رجاءً.

da'hu 'ala-l-meezan, rajaa'an.

What are the contents?

على ماذا يحتوي؟

'ala maatha yahtawee?

What is the value of this parcel?

ما قيمةُ هذا الطّرد؟

maa qeematu haatha-t-tard?

Would you like a certificate of postage?

هل تريدُ وصلاً بأجرة البريد؟

hal tureedu waslan be 'ujrate-l-bareed?

How many stamps do you require?

كم طابعًا تريد؟

kam taabe'an tureed?

YOU SHOULD KNOW...

Most Arab countries, such as UAE, do not use postcodes. Instead, post office box numbers are used.

VOCABULARY

address
العنوان
al 'unwaan

courier
شركةُ توصيلِ البريد
sharekatu tawseele-l-bareed

mail
البريد
al bareed

airmail

البريدُ بالطّائرة

al bareedu betta'era

first-class

خدمةُ الدّرجةِ الأولى

khedmatu-d-daragate-l-'oula

second-class

خدمةُ الدّرجةِ الثّانية

khedmatu-d-daragateth-thaaneya

to post

أرسلَ بالبريد

arsala bel bareed

to send

أرسلَ

arsala

box

الصّندوق

as-sundouq

envelope

المُغلّف

al mughallaf

letter

الرّسالة

ar-resaala

package

الطّرد

at-tard

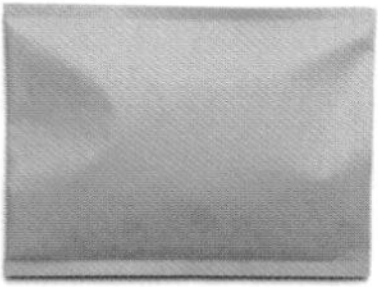

padded envelope

المُغلّفُ المُبَطّن

al mughallafu-l-mubattan

postal worker

عاملةُ البري/عاملُ البريد

'aamelu-l-bareed/ 'aamelatu-l-bareed

postbox

صُندوقُ البريد

sundouqu-l-bareed

postcard

بطاقةٌ بريديّة

betaaqatun bareedeyya

stamp

الطّابع البريديّ

attaabe'e-l-bareedey

YOU MIGHT SAY...

How do I get to the city centre?
كيفَ أصِلُ إلى مركزِ المدينة؟
kayfa aselu ela markaze-l-madeena?

I'd like to visit...
أودُّ أن أزورَ...
awaddu an azoura...

What are the opening hours?
ما هي ساعاتُ العمل؟
maa heya saa'aatu-l-'amal?

YOU MIGHT HEAR...

It's open between ... and...
يُفتَحُ المكانُ بينَ السّاعةِ... والسّاعة...
yuftahu-l-makaanu bayna-s-saa'ate... wa-s-saa'ate...

It's closed on Mondays.
يُقفلُ المكانُ أيّامَ الاثنين.
yuqfalu-l-makaanu ayyama-l-ethnayn.

PLACES OF IMPORTANCE

café
المَقهى
al maqha

cathedral
الكاتدرائيّة
al katedraa'eyya

church
الكَنيسة
al kaneesa

conference centre
مركزُ المؤتمرات
markazu-l-mu'tamaraat

courthouse
المحكمة
al mahkama

fire station
مركزُ الإطفاء
markazu-l-etfaa'

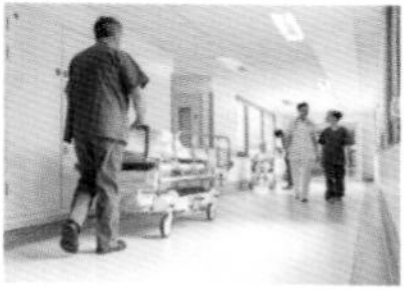

hospital

المُستشفى

al mustashfa

hotel

الفُندق

al funduq

laundrette

المصبَغة

al masbagha

mosque

المَسجِد

al masged

library

المَكتبة

al maktaba

municipality

مبنى البلديّة

mabna-l-baladeyya

office block

مبنى المكاتِب

mabna-l-makaateb

park

المُنتَزَه

al muntazah

police station

مركزُ الشّرطة

markazu-sh-shurta

LEISURE | أوقاتُ الفراغ

A day trip, a break away, a night out, maybe even a night in – we all like to spend our free time differently. It's also a common topic of conversation with friends and colleagues; who doesn't like talking about holidays, hobbies, and how they like to hang out?

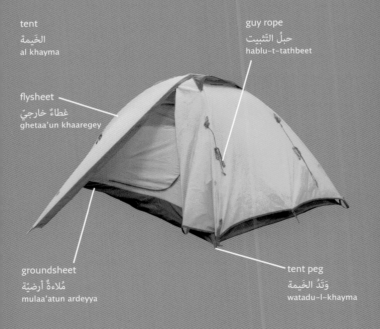

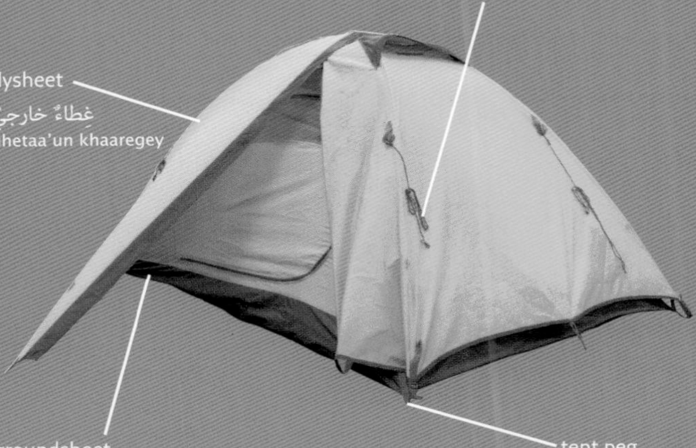

YOU MIGHT SAY...

What would you like to do?
ماذا تُحبُّ أن تَفعَل؟
maatha tuhebbu 'an taf'al?

What do you do in your spare time?
ماذا تفعلُ في أوقاتِ الفراغ؟
maatha taf'alu fee 'awqaate-l-faraagh?

Have you got any hobbies?
هل لديكَ هوايات؟
hal ladayka hewaayaat?

Do you enjoy...?
هل تُحبُّ...؟
hal tuhebbu...?

Are you sporty/creative/musical?
هل أنتَ رياضيّ/مُبدِع/موسيقيّ؟
hal 'anta reyaadey/mubde'/mouseeqey?

Are you going on holiday this year?
هل ستذهبُ في إجازةٍ هذه السّنة؟
hal satathhabu fee 'ejaazaten haathehe-s-sana?

YOU MIGHT HEAR...

My hobbies are...
هواياتي هي...
hewaayaatee heya...

I like...
أحِبُّ...
'uhebbu...

I really enjoy it.
لقد استمتَعْتُ بذلكَ فعلًا.
laqade-stamta'tu bethaaleka fe'lan.

It's not for me.
هذا لا يُناسِبُني.
haatha laa yunaasebunee.

I am sporty/creative/musicial.
أنا رياضيّ/مُبدِع/موسيقيّ.
ana reyaadey/mubde'/museeqey.

I have/don't have a lot of spare time.
لديَّ/ليسَ لديَّ الكثيرُ من أوقاتِ الفراغ.
ladayya/laysa ladayya-l-katheeru men 'awqaate-l-faraagh.

VOCABULARY

spare time
وقتُ الفراغ
waqtu-l-faraagh

activity
النّشاط
an-nashaat

hobby/pastime
الهواية/وقتُ التّسلية
al hewaaya/waqtu-t-tasleya

holiday
الإجازة
al egaaza

to be interested in
اِهتمَّ بِ
'ehtamma be

to enjoy
اِستَمتَعَ
'estamta'a

cooking

الطّبخ

at-tabkh

DIY

الأشغالُ اليدويّة

al ‘ashghaalu-l-yadaweyya

gaming

ألعابُ الفيديو

‘al’aabu-l-video

gardening

البَستَنة

al bastana

jogging

الرّكض

ar-rakd

listening to music

الاِستِماعُ إلى الموسيقى

al-estemaa’u ‘ela-l-museeqa

reading

القراءة

al qeraa’a

shopping

التّسوّق

at-tasawwuq

sports

الألعابُ الرّياضيّة

al ‘al’aabu-r-reyaadeyya

travelling

السّفر

as-safar

walking

المَشي

al mashee

watching TV/films

مُشاهدةُ التّلفاز/الأفلام

mushaahadatu-t-telfaaz/al ‘aflaam

YOU MIGHT SAY...

How much is it to get in?
كَمْ تَكلِفةُ الدّخول؟
kam taklefatu-d-dukhoul?

Is there a discount for students?
هل هُناكَ خَصمٌ للطّلّاب؟
hal hunaaka khasmun le-t-tollaab?

Where is the tourist office?
أينَ مَكتبُ السّياحة؟
'ayna maktabu-s-seyaaha?

Are there sightseeing tours?
هل هُناكَ جولاتٌ لمُشاهَدةِ معالِمِ المدينة؟
hal hunaaka jawlaatun lemushaahadate ma'aaleme-l-madeena?

Are there audio guides available?
هل الدّليل الصّوتيُّ مُتوفِّر؟
hale-d-daleelu-s-sawteyyu mutawaffer?

YOU MIGHT HEAR...

Entry costs...
الدّخولُ يُكلِّفُ...
ad-dukhoulu yukallefu...

There is/isn't a discount available.
لا يوجدُ خصوماتٌ متوفّرة/يوجَد.
yougadou/laa yougadu khusoumaatun mutawaffera...

The tourist office is located...
يقعُ المكتبُ السّياحيُّ في...
yaqa'u-l-maktabu-s-seyaaheyyu fee...

You can book a guided tour.
يمكنُكَ حجزُ دليلٍ سياحيٍّ.
yumkenuka hajzu daleelen seyaahey.

Audio guides are/are not available.
الدّليلُ الصّوتيّ مُتوفِّرٌ/غيرُ مُتوفِّر.
ad-daleelu-s-sawteyyu mutawafferun/ghayru mutawaffer.

VOCABULARY

tourist
السّائحة/السّائح
as-saa'eh/as-saa'eha

tourist attraction
أماكن سياحية
amakenu siyahiya

excursion
رِحلةٌ قصيرة
rehlatun qaseera

historic site
مَوقعٌ تاريخيّ
mawqe'un taarekhey

audio guide
الدّليلُ الصّوتيّ
ad-daleelu-s-sawtey

guided tour
جولةٌ سياحيّة
gawlatun seyaaheyya

to visit
زارَ
zaara

to see
شاهدَ
shaahada

to book
حجَزَ
hagaza

Arabic fort
القلعةُ العربيّة
al qal'atu-l-'arabeyya

art gallery
المَعرَضُ الفنّي
al ma'radu-l-fanney

camera
آلةُ التّصوير
'aalatu-t-tasweer

castle
القَصر
al qasr

city map
خريطةُ المَدينة
khareetatu-l-madeena

gardens
الحدائقُ العامّة
al hadaa'equ-l-'aamma

guidebook
الدّليل
ad-daleel

monument
التّمثال
at-temthaal

museum
المَتحف
al mathaf

sightseeing bus
الحافلةُ السّياحيّة
al haafelatu-s-seyaaheyya

tour guide
الدّليلُ السّياحيّ
ad-daleelu-s-seyaahey

tourist office
المَكتبُ السّياحيّ
al maktabu-s-seyaahey

When it comes to going out in towns and cities, check the local tourist office for information on what's going on.

YOU MIGHT SAY...

What is there to do at night?
ماذا الّذي يُمكِنُ القيامُ به في المَساء؟
ma-l-lathee yumkenu-l-qeyaamu behe fe-l-masaa'?

What's on at the cinema/theatre?
ما المَعروضُ في السّينما/المَسرح؟
ma-l-ma'roudu fe-c-cenema/al masrah?

Do you want to go and see a film/show?
هل تريدُ الذّهابَ لمُشاهدةِ فيلم/عَرض؟
hal tureedu-th-thahaaba le mushaahadate film/'ard?

Are there tickets for...?
هَل هناكَ تذاكِرُ ل...؟
hal hunaaka tathaakeru le...?

Two seats in the stalls/balcony, please.
مقعَدان في المقصورة/الشّرفة، رجاءً.
maq'adaane fe-l-maqsoura/ash-shurfa, rajaa'an.

What time does it start?
متى تبدأ؟
mata tabda'?

YOU MIGHT HEAR...

There's a film/show I'd like to see.
ثمّةَ فيلم/عَرض أريدُ أنْ أُشاهِدَه.
thammata film/'ard 'ureedu 'an 'ushaahedahu.

There are tickets left.
لا يزالُ هناكَ تذاكر.
laa yazaalu hunaaka tathaaker.

There are no tickets left.
لَم يعُد هناكَ تذاكر.
lam ya'ud hunaaka tathaaker.

It begins at 7 o'clock.
تبدأ عندَ السّاعةِ السّابعة.
tabda'u 'enda-s-saa'ate-s-saabe'a.

Please turn off your mobile phones.
الرّجاءُ إغلاقُ هواتِفِكُم النقّالة.
ar-rajaa'u eghlaaqu hawaatefekumu-n-naqqaala.

Did you have good night?
هل أمضَيتَ ليلةً جيّدة؟
hal 'amdayta laylatan jayyeda?

party
الاحتِفال
al 'ehtefaal

show
العَرض
al 'ard

film
الفيلم
al film

concert
الحَفلُ الموسيقيّ
al haflu-l-mouseeqey

ballet
الباليه
al baleh

box office
مَركزُ مَبيعاتِ التّذاكِر
markazu mabee'aate-t-tathaaker

to socialize
اِختَلَطَ بالنّاس ليتعرّفَ عليهم
ekhtalata be-n-naase leyata'arrafa 'alayhem

to order food/drinks
طلبَ طعامًا/شرابًا
talaba ta'aaman/sharaaban

to see a show
شاهَدَ عَرضًا
shaahada 'ardan

to go dancing
ذهبَ للرّقص
thahaba le-r-raqs

to enjoy oneself
اِستَمتَعَ
estamta'a

cinema
السّينما
as-senema

comedy show
العَرضُ الفُكاهي
al 'ardu-l-fukaahey

musical
العرضُ الموسيقيّ
al 'ardu-l-mouseeqey

opera
الأوبرا
al 'opera

restaurant
المَطعم
al mat'am

theatre
المَسرح
al masrah

In Arab countries, there's a wide range of accommodation available for visitors, from high-end hotels to cosy bed and breakfasts.

YOU MIGHT SAY...

Have you got rooms available?
هل هُناكَ غُرَفٌ مُتوفِّرة؟
hal hunaaka ghorafun mutawaffera?

How much is it per night?
كَم تُكلِّفُ اللّيلة؟
kam tukallefu-l-layla?

Is breakfast included?
هل الفُطورُ مَشمول؟
hale-l-fotouru mashmoul?

Is there a city tax?
هل هُناكَ ضريبةٌ؟
hal hunaaka dareeba?

I'd like to check in/out, please.
أريدُ تسجيلَ الدّخول/الخروج، رجاءً.
'ureedu tasgeela-d-dukhoul/al khorouj, rajaa'an.

What time is breakfast served?
مَتى يُقدّمُ الفُطور؟
mata yuqaddamu-l-fotour?

I have a reservation.
عندي حَجز.
'endee hajz.

I'd like to book a single/double room, please.
أريدُ حجزَ غرفةٍ لشخصٍ/لشخصَين، رجاءً.
'ureedu hajza ghorfaten leshaksen/ leshakhsayne, rajaa'an.

What time do I have to check out?
متى يجبُ أنْ أسجّل الخُروج؟
mata yagebu 'an 'usajjela-l-khoroug?

Could I upgrade my room?
هل يمكنُ تحسينُ درجةِ حجزِ غُرفتي؟
hal yumkenu tahseenu daragate hajze ghorfatee?

I need fresh towels/more soap for my room.
أريدُ مناشِفَ نظيفة/صابونًا إضافيًا لغرفتي.
'ureedu manaashefa natheefa/ saabounan 'edaafeyyan leghorfatee.

I've lost my key.
أضعتُ مفاتيحي.
'ada'tu mafaateehee.

I'd like to make a complaint.
أريدُ التّقدُّمَ بِشكوى.
'ureedu-t-taqadduma beshakwa.

YOU SHOULD KNOW...

When checking in to your hotel, you may be expected to fill out a registration form, provide a copy of your passport, and leave your ID at the reception.

YOU MIGHT HEAR...

We have/don't have rooms available.
لدينا/ليسَ لدينا غُرَفٌ شاغِرة.
ladayna/laysa ladayna ghorafun shaaghera.

Our rates are...
أسعارُنا هي...
as'aaruna heya...

Breakfast is/is not included.
الفُطورُ مَشمول/غَيرُ مَشمول.
al fotouru mashmoul/ghayru mashmoul.

Breakfast is served at...
الفُطورُ يُقدَّمُ عندَ السّاعة...
al fotouru yuqaddamu 'enda-s-saa'a...

May I have your room number, please?
هلْ يُمكِنُني الحُصولُ على رقمِ غُرفتِك؟
hal yumkenune-l-hosoulu 'ala raqme ghorfatek?

May I see your documents, please?
هل يمكِنُني رؤيةُ أوراقِك، رجاءً؟
hal yumkenunee ru'yatu 'awraaqek, rajaa'an?

You may check in after...
يمكِنُكَ تَسجيلُ الدّخولِ ابتِداءً من السّاعة...
yumkenuka tasjeelu-d-dukhoule 'ebtedaa'an mena-s-saa'a...

You must check out before...
يجِبُ أن تُسجِّلَ الخُروجَ قبلَ السّاعة...
yagebu an tusajjela-l-khurouge qabla-s-saa'a...

VOCABULARY

bed and breakfast
سريرٌ وفُطور
sareerun wa fotour

full board
إقامةٌ كامِلة
'eqaamatun kaamela

half board
إقامةٌ جُزئيّة
'eqaamatun juz'eyya

room service
خِدمةُ الغُرَف
khedmatu-l-ghoraf

wake-up call
اِتّصالُ الإيقاظ
'ettesaalu-l-'eeqaath

room number
رقمُ الغُرفة
raqmu-l-ghorfa

per person per night
للشّخصِ الواحد للغُرفةِ الواحدة
lesh-shakhse-l-waahed lel ghorfate-l-waaheda

to check in
سجّلَ الدّخول
sajjala-d-dukoul

to check out
سجّلَ الخُروج
sajjala-l-khurouj

to order room service
طلبَ خِدمةَ الغُرف
talaba khedmata-l-ghoraf

corridor

المَمَرّ

al mamarr

"do not disturb" sign

لافتة "يُرجى عَدَمُ الإزعاج"

laafetat "yurgaa 'adamu-l-'ez'aaj"

double room

غُرفةٌ لشَخصَين

ghorfatun leshakhsayn

key card

البِطاقةُ المُفتاح

al betaaqatu-l-muftaah

minibar

الثّلاجةُ الصّغيرة

ath-thallaagatu-s-sagheera

porter

الحَمّال

al hammaal

reception

الاِستقبال

al 'esteqbaal

receptionist

مُوَظّفُ/موظّفةُ الاِستقبال

muwaththafu/muwaththafatu-l-'esteqbaal

safe

الخَزنة

al khazna

single room

غُرفةٌ لشَخصٍ واحد

ghorfatun leshakhsen waahed

toiletries

مُستَلزماتُ الحمّام

mustalzamaatu-l-hammam

twin room

الغُرفةُ المُزدَوجة

al ghorfatu-l-muzdawega

There are a vast number of campsites in Arab countries offering different types of accommodation and facilities for travellers. There are also options for wild camping in the desert, but do check what the local and national restrictions are before you set off on your trip.

YOU MIGHT SAY...

Have you got spaces available?
هل لديكَ أماكنُ متوفِّرة؟
hal ladayka ‘amaakenu mutawaffera?

I'd like to book for ... nights.
أريدُ حجزَ...ليال.
‘ureedu hajza...layaal.

How much is it per night?
كم تكلفةُ اللّيلةِ الواحدة؟
kam taklefatu-l-laylate-l-waaheda?

Where is the toilet/shower block?
أينَ مكانُ الحمّام/الاستِحمام؟
‘ayna makaanu-l-hammam/al ‘estehmaam?

Where are the rubbish bins?
أينَ حاوياتُ القُمامة؟
‘ayna haaweyaatu-l-qumaama?

Is the water drinkable?
هلِ المياهُ صالحةٌ للشّرب؟
hale-l-meyaahu saalehatun le-sh-shorb?

YOU MIGHT HEAR...

We have spaces available.
لدينا أماكنُ مُتوفّرة.
ladayna ‘amaakenu mutawaffera.

We don't have spaces available.
ليسَ لدينا أماكنُ متوفّرة.
laysa ladayna ‘amaakenu mutawaffera.

It costs ... per night.
تكلفةُ اللّيلةِ الواحِدة...
taklefatu-l-laylate-l-waaheda...

The toilets/showers are located...
الحمّامات/أماكنُ الاِستحمامِ موجودةٌ في...
al hammaamaat/’amaakenu-l-’estehmaame mawjoudatun fee...

The water is/is not drinkable.
المياهُ صالحةٌ/غيرُ صالحةٍ للشّرب.
al meyaahu saalehatun/ghayru saalehaten le-sh-shorb.

YOU SHOULD KNOW...

If you plan on caravanning in Arab countries, be aware that in some cities like Abu Dhabi or Riyadh, you are not allowed to stop overnight by the motorway.

campsite
المُخيّم
al mukhayyam

tent
الخَيمة
al khayma

pitch
نَصبُ الخَيمة
nasbu-l-khayma

electricity hook-up
توصيلُ الكَهرباء
tawseelu-l-kahrabaa'

toilet/shower block
الحمّام/مكانُ الاستِحمام
al hammaam/makaanu-l-estehmaam

camper
المُخيِّم/المُخيِّمة
al mukhayyem/
al mukhayyema

caravanner
المُسافِرُ/المُسافِرةُ بالكرفان
al musaaferu/
al musaaferatu be-l-karavaan

to camp
خيّمَ
khayyama

to pitch a tent
نصبَ الخيمة
nasaba-l-khayma

to take down a tent
فكّ الخَيمة
fakka-l-khayma

to go caravanning
خيّمَ في الكرفان
khayyama fe-l-karavaan

TENT

flysheet
غِطاءٌ خارجيّ
ghetaa'un khaaregey

guy rope
حبلُ التّثبيت
hablu-t-tathbeet

groundsheet
مُلاءةٌ أرضيّة
mulaa'atun ardeyya

tent peg
وَتَدُ الخَيمة
watadu-l-khayma

air bed

سريرٌ هوائيّ

sareerun hawaa'ey

barbecue

الشّواء

ash-shewaa'

campfire

نارُ المُخيّم

naaru-l-mukhayyam

camping stove

موقِدُ غازٍ للتّخييم

mawqedu ghaazen le-t-takhyeem

caravan

الكرفان

al karavaan

cool box

صندوقُ التّبريد

sundouqu-t-tabreed

fold-up chair

الكُرسيّ القابلُ للطيّ

al kurseyyu-l-qaabelu le-t-tayy

matches

أعوادُ الثّقاب

'a'waadu-th-theqaab

motorhome

شاحنةُ التّخييم

shaahenatu-t-takhyeem

picnic blanket

بِساطُ الرّحلات

besaatu-r-rehlaat

sleeping bag

كيسُ النّوم

keesu-n-nawm

torch

المِصباحُ اليدويّ

al mesbaahu-l-yadawey

The coastlines of Arab countries vary widely, from rocky cliffs in Lebanon to sandy beaches beside the Indian Ocean, the Red Sea, and the Mediterranean.

YOU MIGHT SAY...

Is there a good beach nearby?
هل هُناكَ شاطئٌ جيدٌ بالقُربِ من هُنا؟
hal hunaaka shaate'un gayyedun belqorbe men huna?

Is swimming permitted here?
هلِ السّباحةُ مسموحةٌ هُنا؟
hale-sebaahatu masmouhatun huna?

Can we hire...?
هل يُمكِنُنا استِئجار...؟
hal yumkenuna-ste'jaar...?

Help! Lifeguard!
النّجدة! أنقِذوني!
an-najdaa! 'anqethounee!

YOU MIGHT HEAR...

This is a public/private beach.
هذا شاطِئٌ عامٌ/خاصّ.
haatha shaate'un 'aam/khaas.

Swimming is allowed/forbidden.
السّباحةُ مسموحة/مَمنوعة.
as-sebaahatu masmouha/mamnou'a.

Swimming is/is not supervised.
السّباحةُ مُراقَبة/غيرُ مُراقَبة.
as-sebaahatu muraaqaba/ghayru muraaqaba.

The water is warm/cold/freezing!
المياهُ دافِئةٌ/باردةٌ/قارِسة!
al meyaahu daafe'atun/baaredatun/qaaresa!

VOCABULARY

"No swimming"
"ممنوعٌ السّباحة"
mamnou'unu-s-sebaaha

bathing zone
مَنطِقةُ الاِستحمام
manteqatu-l-'estehmaam

lifeguard post
موقعُ حارِسِ الإنقاذ
mawqe'u haarese-l-'enqaath

suntan
التّسمير
at-tasmeer

to sunbathe
أخذَ حمّامَ شَمْس
'akhatha hammaama shams

to swim
سبحَ
sabaha

YOU SHOULD KNOW...

Public beaches are often not monitored. However, in cities like Dubai, there are public beaches which have lifeguards on duty.

sand
الرّمل
ar-raml

sea
البَحر
al bahr

waves
الأمواج
al ‘amwaaj

parasol
مَظلّةُ الشمس
mathallatu-sh-shams

sunbed
كُرسيّ الشّاطئ
kurseyyu-sh-shaate’

beach towel
مِنشفةُ الشّاطئ
menshafatu-sh-shaate’

GENERAL

beach ball
كُرةُ الشّاطئ
kuratu-sh-shaate’

beach hut
كوخُ الشّاطئ
koukhu-sh-shaate’

bikini
ملابسُ السّباحةِ للنّساء
malaabesu-s-sebaahate le-n-nesaa’

bucket and spade
الدّلوُ والمِجرَفة
ad-dalwu wa-l-mejrafa

deckchair
الكُرسيُّ القابِلُ للطّيّ
al kurseyyu-l-qaabelu le-t-tayy

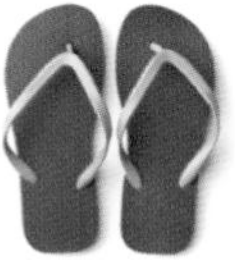

flip-flops
شبشب الشّاطئ
shibshib-sh-shaate’

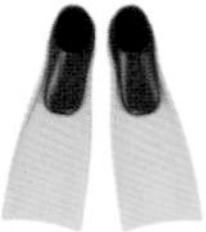

flippers

زعانِفُ السّباحة

za'aanefu-s-sebaaha

promenade

التّنزّه

at-tanazzuh

sandcastle

قلعةُ الرّمل

qal'atu-r-raml

seashells

الصّدَف

as-sadaf

seaweed

أعشابُ البحر

a'shaabu-l-bahr

snorkel

أنبوبُ التّنفّسِ أثناءَ الغَطس

'unboubu-t-tanaffuse 'athnaa'a-l-ghats

sunglasses

نظّاراتُ الشّمس

naththaaraatu-sh-shams

sunhat

قُبّعةُ الشّمس

qubba'atu-sh-shams

suntan lotion

المَرهمُ الواقي منَ الشّمس

al marhamu-l-waaqee mena-sh-shams

swimming trunks

سروالُ السّباحة

serwaalu-s-sebaaha

swimsuit

ملابسُ السّباحةِ للنّساء

malaabesu-s-sebaahate le-n-nesaa

windbreak

الواقي منَ الرّيح

al waaqee mena-r-reeh

YOU MIGHT SAY/HEAR...

I enjoy listening to music.
أستَمتِعُ بالاِستماعِ إلى الموسيقى.
astamte'u be-l'estemaa'e 'ela-l-mouseeqa.

I'm learning to play...
أتعلّمُ العزفَ...
ata'allamu-l-'azfa...

What kind of music do you like?
أيّ نوعٍ من الموسيقى تُحِبّ؟
ayyu naw'en mena-l-mouseeqa tuhebb?

My favourite group is...
فِرقتي المُفضّلة هي...
ferqate-l-mufaddala heya...

VOCABULARY

DJ
دي جي
DJ

CD
سي دي
CD

vinyl record
أُسطوانةُ الفينيل
ustwaanatu-l-veneel

microphone
الميكروفون
al microphone

song
الأغنية
al 'ughneya

album
الألبوم
al albom

band
الفِرقةُ الموسيقيّة
al ferqatu-l-mouseeqeyya

live music/gig
الحَفلُ الموسيقيّ
al haflu-l-mouseeqey

singer-songwriter
المُغنيّ-كاتِبُ الأغاني/
المُغنيّةُ-كاتِبةُ الأغاني
al mughanne-kaatebu-l-'aghaanee/
al mughanneyatu-kaatebatu-l-'aghaanee

pop
البوب
al pop

rock
الرّوك
ar-rok

hip-hop
الهيب هوب
al hep hop

rap
الرّاب
ar-raap

classical
الموسيقى الكلاسيكيّة
al mouseeqa-l-klaaseekeyya

folk
الموسيقى الشّعبيّة
al mouseeqa-sh-sha'beyya

to play an instrument
عزفَ على آلة
'azafa 'ala 'aala

to sing
غنّى
ghanna

to listen to music

اِستَمَعَ إلى الموسيقى
'estama'a 'ela-l-mouseeqa

to go to gigs

ذهَبَ إلى الحفلاتِ الموسيقيّة
thahaba 'ela-l-hafalaate-l-mouseeqeyya

to stream music

تحويلُ الموسيقى
tahweelu-l-mouseeqa

EQUIPMENT

Bluetooth® speaker

مكبّرُ الصّوت بنظامِ البلوتوث
mukabberu-s-sawte benethaame-l-blutooth

earphones

السمّاعات
as-sammaa'aat

headphones

سمّاعاتُ الرّأس
sammaa'aatu-r-ra's

soundbar

شريطُ الصّوت
shareetu-s-sawt

speakers

مكبّراتُ الصّوت
mukabberaatu-s-sawt

turntable

جهازُ الأسطوانات
gehaazu-l-estwaanaat

MUSICAL INSTRUMENTS

accordion

الأكورديون
al 'akordeyon

acoustic guitar

الغيتارُ الخشبيّ
al geetaaru-l-khashabey

bass drum

الطّبلُ الكَبير
at-tablu-l-kabeer

bass guitar

غيتارُ الإيقاع

geetaru-l-'eeqaa'

cello

التشيلّو

at-tshello

clarinet

الكلارينِت

al klareenet

cymbals

الأصناج

al 'asnaag

double bass

الباس المزدوج

al baas al muzdawej

electric guitar

الغيتارُ الكَهربائيّ

al geetaaru-l-kahrabaa'ey

flute

الفلوت

al floot

keyboard

الأورغ

al 'org

piano

البيانو

al piano

saxophone

السّاكسوفون

as-saksofon

snare drum

طبل

tabl

violin

الكمان

al kamaan

ARABIC INSTRUMENTS

daf

الدَّف

ad-daff

kanun

القانون

al qaanoun

mezmar

المِزمار

al mezmaar

ney

النّاي

an-naay

oud

العود

al ‘oud

tabla

الطّبلة

at-tabla

GENERAL MUSIC

choir

الكورس

al kawras

conductor

قائدُ/قائدةُ الاوركسترا

qaa’edu/qaa’edatu-l-‘orkestra

musician

الموسيقيّ/الموسيقيّةُ

al mouseeqey/
al mouseeqeyya

orchestra

الأوركسترا

al ‘orkestra

sheet music

ورقةُ النّوتة الموسيقيّة

waraqatu-n-nota-l-mouseeqeyya

singer

المُغنّي/المُغَنّيةُ

al mughannee/
al mughanneya

YOU MIGHT SAY...

Can I take photos here?
هل يمكنُني التقاطُ الصّورِ هنا؟
hal yumkenune-lteqaatu-s-soware huna?

YOU MIGHT HEAR...

Photography is/isn't allowed.
التّصويرُ مسموحٌ/ ممنوعٌ.
at-tasweeru masmouhun/mamnou'un.

VOCABULARY

photo
الصّورة
as-soura

photographer
المُصوِّر/المُصوّرة
al musawwer/
al musawwera

selfie
السّلفي
as-selfee

selfie stick
عصا السّلفي
'asa-s-selfee

flash
الفلاش
al flaash

to take a photo/selfie
صوّرَ صورةً/سلفي
sawwara souratan/selfee

to upload a photo
حمّلَ صورة
hammala soura

to zoom in
ضبط عدسة الكاميرا
dabtu 'adasate-l-kamera

camera lens
عدسةُ الكاميرا
'adasatu-l-kamera

compact camera
كاميرا مُدمجة
kamera mudmaja

DSLR camera
الكاميرا الرّقميّة
al kamera-r-raqmeyya

drone
الكاميرا الطّائرة
al kamera-t-taa'era

SD card
شريحةُ الذّاكرة
shareehatu-z-zaakera

tripod
حاملٌ ثلاثيّ القوائم
haamelun thulaatheyyu-
l-qawaa'em

Coffee shops in Arabic cities are often a place to play your favourite board game. Other popular games include backgammon and cards.

YOU MIGHT SAY/HEAR...

What would you like to play?
ماذا تريدُ أن تلعَب؟
maatha tureedu an tal'ab?

What are the rules?
ما هِيَ القوانين؟
maa heya-l-qawaaneen?

It's your turn.
إنّهُ دورُك.
'ennahu dawruk.

Time's up!
اِنتهى الوَقت!
entaha-l-waqt!

VOCABULARY

player
اللّاعب/اللّاعِبة
al-laa'eb/al laa'eba

solitaire
لُعبةُ الورقِ سوليتير
lu'batu-l-waraq soletar

crossword
الكلماتُ المُتقاطِعة
al kalemaatu-l-mutaqaate'a

sudoku
السّودوكو
as-sodoukou

hand (in cards)
الدَّور
ad-dawr

games console
التّحكّم باللُّعبة
at-tahakkumu be-l-lo'ba

game controller
أداةُ التحكّم باللّعبة
adaatu-t-tahakkume be-l-lu'ba

virtual reality headset
جهازُ الواقع الإفتراضيّ
gehaazu-l-waaqe'e-l-efteraadey

to play
لعبَ
la'eba

to roll the dice
رمى النّرد
rama-n-nard

to win
ربِحَ
rabeha

to lose
خَسِرَ
khasera

YOU SHOULD KNOW...

Video games are extremely popular, and there are many game developers based in the Arab countries.

backgammon

طاولةُ الزَّهر

taawelatu-z-zahr

board game

لَوحةُ الألعاب

lawhatu-l-'al'aab

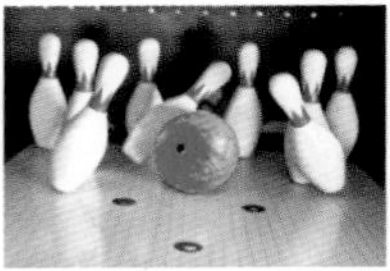

bowling

البولينغ

al bowleng

cards

أوراقُ اللّعب

awraaqu-l-la'eb

chess

الشّطرنج

ash-shatarang

darts

رَميُ الأسهم

ramyu-l-'ashum

dice

الزَّهر

az-zahr

dominoes

الدّومينوز

ad-domenoz

draughts

الدّاما

ad-daamaa

jigsaw puzzle

أُحجيةُ الصّورةِ المَقطوعة

'uhgeyatu-s-sourate-l-maqtou'a

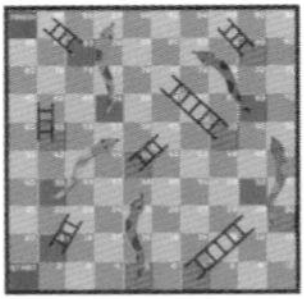

snakes and ladders

سلّمُ الحيّة

sullamu-l-hayya

video game

ألعابُ الفيديو

'al'aabu-l-video

Arts and crafts like sewing, embroidery, pottery, and Arabic calligraphy are part of the local traditions of most Arab countries.

VOCABULARY

handicrafts
الأشغال اليدويّة
al 'ashghaalu-l-yadaweyya

craft fair
مَعرَضُ الحِرَف
ma'radu-l-heraf

artist
الفنّان/الفنّانة
al fannaan/al fannaana

amateur
الهاوي/الهاوية
al haawee/al haaweya

dressmaker
الخيّاط/الخيّاطة
al khayyaat/al khayyaata

to paint
لوَّنَ
lawwana

to sketch
رسَمَ
rasama

to sew
خاطَ
khaata

to knit
نَسَجَ
nasaga

GENERAL CRAFTS

Arabic calligraphy
الخطّ العربيّ
al khattu-l-'arabey

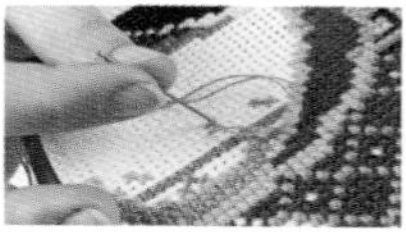
embroidery
التّطريز
at-tatreez

jewellery-making
صناعةُ المجوهرات
senaa'atu-l-mugawharaat

model-making
صناعةُ المجسّمات
senaa'atu-l-mugassamaat

pottery
صناعةُ الفخّار
senaa'atu-l-fakhkhaar

woodwork
النّجارة
an-negaara

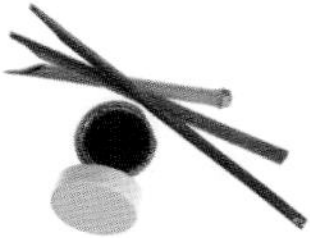

Arabic calligraphy pen
قلمُ الخطِّ العربيّ
qalamu-l-khatte-l-'arabey

canvas
قُماشُ الرّسم
qumaashu-r-rasm

easel
مِسنَدُ الرّسّام
mesnadu-r-rassaam

ink
الحِبرُ السّائل
al hebru-s-saa'el

oil paint
تلوينُ الزّيت
talweenu-z-zayt

paintbrush
فُرشاةُ الرّسم
furshaatu-r-rasm

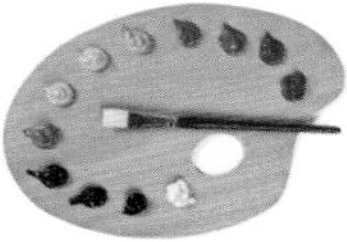

palette
لوحةُ الألوان
lawhatu-l-'alwaan

paper
الورق
al waraq

pen
قلمُ الحِبر
qalamu-l-hebr

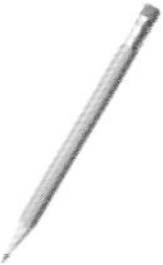

pencil
قَلَمُ الرّصاص
qalamu-r-rasaas

sketchpad
ورقُ الرّسم
waraqu-r-rasm

watercolours
تلوينُ الماء
talweenu-l-maa'

ball of wool
كُرةُ الصّوف
kuratu-s-souf

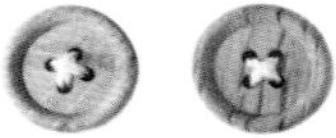

buttons
الأزرار
al 'azraar

crochet hook
إبرةُ الكروشيه
'ebratu-l-krosheh

fabric
الأقمشة
al 'aqmesha

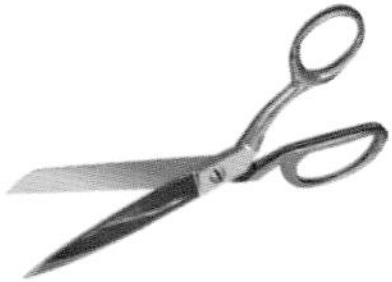

fabric scissors
مقصّ الأقمشة
maqassu-l-'aqmesha

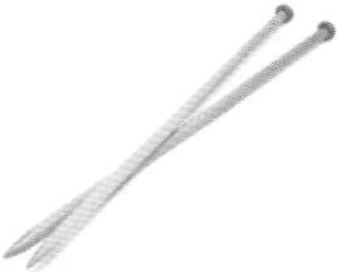

knitting needles
إبرُ الحِياكة
'ebaru-l-heyaaka

needle and thread
الإبرةُ والخَيط
al 'ebratu wa-l-khayt

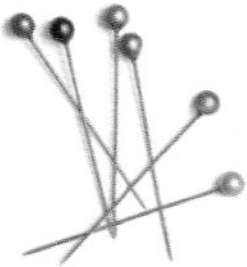

pins
الدّبابيس
ad-dabaabees

safety pin
دبّوسُ الأمان
dabbousu-l-'amaan

sewing basket
عُلبةُ الخِياطة
'ulbatu-l-kheyaata

sewing machine
آلةُ الخِياطة
aalatu-l-kheyaata

tape measure
شريطُ القياس
shareetu-l-qeyaas

SPORT | الرّياضة

There are hundreds of fitness clubs and sports events across the Arab countries that you can get involved with, either as a player or as a spectator, whether you are looking to participate in a particular sport or simply head to the gym.

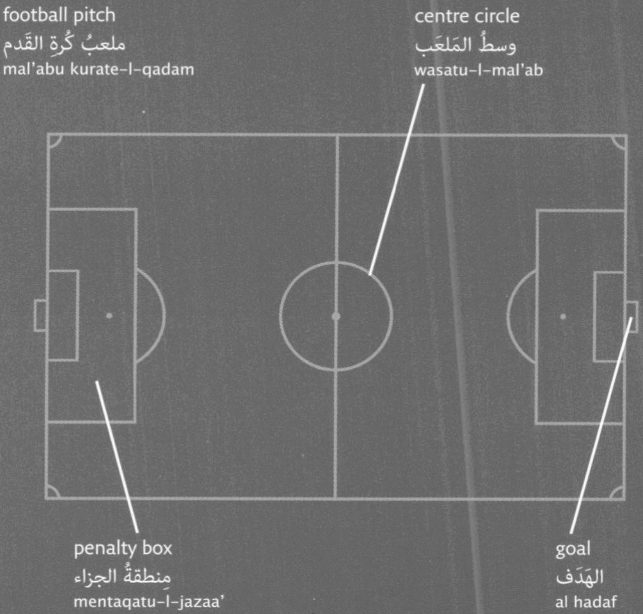

YOU MIGHT SAY...

I like keeping active.
أحِبُّ أن أبقى نشيطًا.
uhebbu an abqa nasheetan.

I play football/basketball.
ألعبُ كُرةَ القَدم/كُرةَ السّلّة.
al'abu kurata-l-qadam/kurata-s-salla.

I'd like to book...
أريدُ أن أحجزَ...
ureedu an ahjeza...

YOU MIGHT HEAR...

Do you do any sports?
هل تُمارسُ الرّياضة؟
hal tumaaresu-r-reyaada?

Do you follow any sports?
هل تُتابعُ رياضةً ما؟
hal tutaabe'u reyaadatan maa?

What's your favourite team?
مَن هو فَريقُكَ المُفَضَّل؟
man huwa fareequka-l-mufaddal?

VOCABULARY

tournament
الدّورة الرّياضيّة
ad-dawratu-r-reyaadeyya

competition
المُسابقة
al musaabaqa

league
الدّوري
ad-dawree

champion
البَطل/البَطلَة
al batal/al batala

competitor
المُنافِس/المُنافِسة
al munaafes/al munaafesa

teammate
الزّميل/الزّميلة
az-zameel/az-zameela

coach
المُدرِّب/المُدرِّبة
al mudarreb/al mudarreba

manager
المُدير/المُديرة
al mudeer/al mudeera

match
المُباراة
al mubaaraat

points
النّقاط
an-neqaat

to compete
نافسَ
naafasa

to score
سجّلَ
saggala

to win
ربحَ
rabeha

to lose
خسِرَ
khasera

to draw
تعادلَ
ta'aadala

leisure centre

المركزُ الرّياضيّ

al markazu-r-reyaadey

medal

الميداليّة

al meedaaleyya

official

أحدُ طاقمِ التّحكيم

ahadu taaqame-t-tahkeem

podium

المِنصّة

al menassa

referee

الحَكَم

al hakam

scoreboard

لوحةُ النّتائج

lawhatu-n-nataa'ej

spectators

المُتفرّجون

al mutafarrejoun

sportsperson

الرّياضيّ/الرّياضيّة

ar-reyaadey/ar-reyaadeyya

stadium

الإستاد

al 'estaad

stands

المُدرّجات

al mudarrajaat

team

الفريق

al fareeq

trophy

الكأس

al ka's

YOU MIGHT SAY...

I'd like to join the gym.
أريدُ الانضمامَ إلى الجيم.
ureedu-l-endemaama ela-l-gym.

I'd like to book a class.
أريدُ أن أحجزَ حصة.
ureedu an ahjeza hessa.

What classes can you do here?
ما أنواعُ الحصص الّتي يُمكنُك القيامُ بها هُنا؟
ma anwaa'u-l-hesase-l-latee yumkenuka-l-qeyaamu beha huna?

YOU MIGHT HEAR...

Would you like to book an induction?
هل تريدُ أن تحجزَ دورةً تعريفيّة؟
hal tureedu an tahjeza dawratan ta'reefeyya?

What time would you like to book for?
أيّ يومٍ تُريدُ أن تحجز؟
ayya yawmen tureedu an tahjez?

VOCABULARY

gym
الصّالةُ الرّياضيّة
as-saalatu-r-reyaadyya

gym instructor
مُدرّبُ/مُدرِّبةُ الجيم
mudarrebu/
mudarrebatu-l-gym

gym membership
عضويّةُ الجيم
'odweyyatu-l-gym

personal trainer
المُدرّبُ الشّخصيّ/المُدرِّبةُ الشّخصيّة
al mudarrebu-sh-shakhsey/al mudarrebatu-sh-shakhseyya

exercise class
حصة اللّياقةِ البدنيّة
hessatu-l-layaaqate-l-badaneyya

Pilates
البيلاتِس
al peelates

yoga
اليوغا
al yoga

press-ups
تمرينُ الضّغط
tamreenu-d-daght

sit-ups
تمرينُ الرّفع
tamreenu-r-raf'

running
الرّكض
ar-rakd

to exercise
تمرّنَ
tamarrana

to keep fit
حافظَ على لياقتِه
haafatha 'ala layaaqatehe

to go for a run
ذهبَ ليركُضَ
thahaba leyarkod

to go to the gym
ذهبَ إلى الصّالةِ الرّياضيّة
thahaba 'ela-s-saalate-r-reyaadeyya

changing room
غُرفةُ تبديلِ الملابِس
ghurfatu tabdeele-l-malaabes

cross trainer
الدّراجةُ البيضاويّة للتّمرين
ad-darragatu-l-baydaaweyyate le-t-tamreen

dumbbell
الأثقال
al athqaal

exercise bike
درّاجةُ التّمرين
darragatu-t-tamreen

gym ball
كُرةُ التّمرينِ المطّاطيّة
kuratu-t-tamreene-l-mattaateyya

kettle bell
كَتِلبِل
katelbel

locker
الخِزانة
al khezaana

rowing machine
جِهازُ التّجديف
gehaazu-t-tagdeef

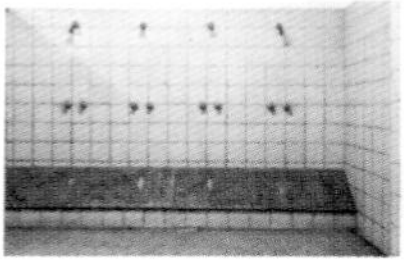

showers
أماكنُ الاستحمام
amaakenu-l-estehmaam

skipping rope
حبلُ القَفز
hablu-l-qafz

treadmill
جِهازُ المَشي
jehaazu-l-mashee

weightlifting bench
مَقعدُ رفعِ الأثقال
maq'adu raf'e-l-'athqaal

Football is the most widely played sport in the Arab world, with various national teams making appearances at the World Cup on a number of occasions.

YOU MIGHT SAY...

Are you going to watch the match?
هل ستُشاهِدُ المباراة؟
hal satushaahedu-l-mubaaraat?

What's the score?
ما هِيَ النّتيجة؟
ma heya-n-nateeja?

Foul!
فاول!
fawl!

YOU MIGHT HEAR...

I'm watching the match.
أنا أُشاهِدُ المُباراة.
ana ushaahedu-l-mubaaraat.

The score is...
النّتيجةُ هي...
an-nateejatu heya...

Go on!
هيّا!
hayya!

VOCABULARY

defender
المُدافِع/المُدافِعة
al mudaafe'/al mudaafe'a

striker
المُهاجِم/المُهاجِمة
al muhaajem/
al muhaajema

substitute
اللّاعبُ البديل/اللّاعِبةُ البَديلة
al-laa'ebu-l-badeel/al
laa'ebatu-l-badeela

linesman
حكمُ الرّاية
hakamu-r-raaya

kick-off
ضربةُ المَرمى
darbatu-l-marma

half-time
الشّوطُ الأوّل
ash-shawtu-l-awwal

full-time
الوقتُ الكامِل
alwaqtu-l-kaamel

injury time
الوقتُ بدلُ الضّائع
al waqtu badalu-d-daa'e'

free kick
الضّربةُ الحُرّة
ad-darbatu-l-hurra

header
ضربةُ الرّأس
darbatu-r-ra's

save
أنقذَ الكُرة
anqatha-l-kura

offside
التّسَلُّل
at-tasallul

penalty
ضربةُ الجزاء
darbatu-l-gazaa'

penalty box
مِنطقةُ الجزاء
mentaqatu-l-gazaa'

to play football
لعبَ كُرةَ القَدم
la'eba kurata-l-qadam

to kick
ركلَ
rakala

to pass the ball
مرّرَ الكُرة
marrara-l-kura

to score a goal
سجَّلَ هدفًا
saggala hadafan

football
كُرةُ القَدم
kuratu-l-qadam

football boots
حذاءُ كُرةِ القدم
hethaa'u kurate-l-qadam

football match
مباراة كُرةِ القدم
mubaraatu kurate-l-qadam

football pitch
ملعبُ كُرةِ القَدم
mal'abu kurate-l-qadam

football player
لاعبُ/لاعِبةُ كُرةِ القَدم
laa'ebu/laa'ebatu kurate-l-qadam

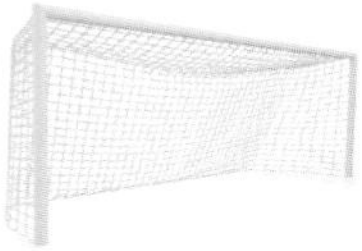

goal
المَرمى
al marma

goalkeeper
حارسُ/حارِسُ المَرمى
haaresu/haaresatu-l-marma

whistle
الصَّفّارة
as-saffaara

yellow/red card
البطاقةُ الصَّفراء/الحَمراء
al betaaqatu-s-safraa'/al hamraa'

VOCABULARY

net

الشّبكة

ash-shabaka

ace

تسجيلُ نُقطةٍ من الرّمية الأولى

tasdeedu noqtaten mena-r-ramyate-l-'oula

serve

الرّميةُ الأولى للكُرة

ar-ramyatu-l-'oula lel kura

backhand

ضربةٌ خلفيّةٌ بِظَهرِ المَضرِب

darbatun khalfeyyatun bedahre-l-madreb

forehand

ضَربةٌ بِبَطنِ المَضرب

darbatun bebatne-l-madreb

fault

الضَربةُ غيرُ المُحتَسَبة

ad-darbatu ghayru-l-muhtasaba

double fault

الخطأُ المُضاعَف

al khata'u-l-mudaa'af

rally

جولةُ ضرباتٍ متواصِلة

gawlatu darabaaten mutawaasela

singles

المُباراةُ الفَرديّة

al mubaaraatu-l-fardeyya

doubles

المُباراةُ الثُّنائيّة

al mubaaraatu-th-thunaa'eyya

top seed

المُصنَّفُ الأوّل

al musannafu-l-'awwal

to play tennis

لَعبَ التّنس

la'eba-t-tenis

to play badminton/squash

لعبَ بَدمِنتون/سكواش

la'eba badmenton/skwaash

to hit

ضربَ (ضربةُ الكُرة)

daraba (darbatu-l-kura)

to serve

رمى الكُرةَ

rama-l-kura

BADMINTON

badminton

البدمِنتون

al badmenton

badminton racket

مضربُ البَدمِنتون

madrebu-l-badmenton

shuttlecock

الرّيشة

ar-reesha

SQUASH

squash

السّكواش

as-skwaash

squash ball

كُرةُ السّكواش

kuratu-s-skwaash

squash racket

مضرِبُ السّكواش

madrebu-s-skwaash

TENNIS

ball boy/girl

مُلتقِطُ/مُلتَقِطةُ الكُرات

multaqetu/multaqetatu-l-kuraat

line judge

حَكَمُ الخَطّ

hakamu-l-khat

tennis

التّنِس

at-tenis

tennis ball

كُرةُ التّنِس

kuratu-t-tenis

tennis court

مَلعَبُ التّنس

mal'abu-t-tenis

tennis player

لاعبُ/لاعِبةُ التّنس

laa'ebu/laa'ebatu-t-tenis

tennis racket

مَضربُ التّنس

madrebu-t-tenis

umpire

الحَكَم

al hakam

umpire's chair

كُرسيُّ الحَكم

kurseyyu-l-hakam

YOU MIGHT SAY...

Can I hire...?
هل يُمكنُني استِئجار...؟
hal yumkenune-ste'jaar...?

YOU MIGHT HEAR...

You must wear a lifejacket.
يجبُ أن ترتدي سُترةَ نجاة.
yagebu an tartadee sutrata najaat.

VOCABULARY

swimming
السّباحة
as-sebaaha

breaststroke
سباحةُ الصّدر
sebaahatu-s-sadr

backstroke
سباحةُ الظَّهر
sebaahatu-th-thahr

front crawl
سباحةُ الزَّحف
sebaahatu-z-zahf

butterfly
سباحةُ الفراشة
sebahatu-l-faraasha

deep/shallow end
المنطقةُ العميق/غيرُ العميقة
al mentaqatu-l-'ameeqa/ghayru-l-'ameeqa

lane
المَسلك
al maslak

length
الطّول
at-toul

swimming lesson
درسُ السّباحة
darsu-s-sebaaha

diver
الغطّاس/الغَطّاس
al ghattaas/al ghattaasa

swimmer
السبّاح/السّبَّاحة
as-sabbaah/as-sabbah

diving
الغطس
al ghats

angling
صيدُ السّمكِ بالصّنّارة
saydu-s-samake be-s-sonnaara

angler
صيّادُ/صيّادةُ السَّمَك
sayyadu/sayyadatu-s-samak

surfer
راكبُ/راكِبةُ الأمواج
raakebu/raakebatu-l-amwaaj

to swim
سبحَ
sabaha

to dive
غطسَ
ghatasa

to surf
ركبَ الأمواج
rakeba-l-amwaaj

to row
جذَفَ
jaththafa

to sail
أبحرَ
abhara

to fish
صادَ السّمك
saada-s-samak

POOL

armbands

عوّاماتُ الذّراعَين

'awwaamaatu-th-thera'ayn

diving board

لوحُ القَفز إلى بُركةِ السّباحة

lawhu-l-qafz 'ela-burkate-s-sebaaha

flippers

زعانفُ القَدمَين

za'aanefu-l-qadamayn

goggles

نظّاراتُ السّباحة

naththaaraatu-s-sebaaha

lifeguard

المُنقِذ

al munqeth

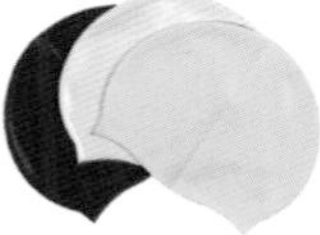

swimming cap

قُبّعةُ السّباحة

qubba'atu-s-sebaaha

swimming pool

بُركةُ السّباحة

burkatu-s-sebaaha

swimming trunks

سروالُ السّباحة

serwaalu-s-sebaaha

swimsuit

ملابسُ السّباحة

malaabesu-s-ebaaha

OPEN WATER

bodyboarding

رُكوبُ الأمواجِ باللّوح

rukoubu-l-amwaaje be-l-lawh

canoeing

قيادةُ القاربِ الطّويل

al qaarebu-t-taweel

jetski

المِزلجةُ المائيّة

al mezlagatu-l-maa'eyya

kayaking

قيادةُ قاربِ الكَياك

qeyaadatu qaarebe-l-kayaak

lifejacket

سُترةُ النّجاة

sutratu-n-najaat

oars

المِجذافان

al mejthaafaan

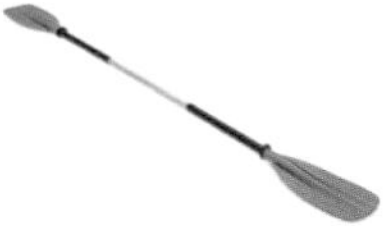

paddle

الغادوف

al ghaadouf

paddleboarding

لوحُ التّجذيف

lawhu-t-tajtheef

scuba diving

الغَطسُ

al ghats

snorkelling

الغَوصُ السّطحيّ

al ghawsu-s-sathey

surfboard

لوحُ ركوبِ الأمواج

lawhu rukoube-l-amwaag

surfing

ركوبُ الأمواج

rukoubu-l-amwaag

waterskiing

التّزلّجُ على الماء

at-tazallugu 'ala-l-maa'

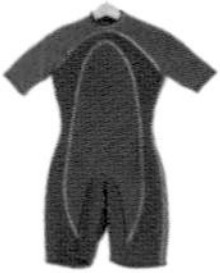

wetsuit

بدلةُ الغَطس

badlatu-l-ghats

windsurfing

التزلّج على الماء بواسِطةِ الرّياح

at-tazallugu bewaasetate-r-reyaah

There are many opportunities to take part in mountaineering and other winter sports in various Arab countries. You can go skiing in Lebanon, the Moroccan Atlas mountain resorts, or even the Dubai indoor ski resort.

YOU MIGHT SAY...

Can I hire some skis?

هل يمكنني أَستِجارُ بعضِ المزالج؟

hal yumkenune-ste'jaaru ba'de-l-mazaalej?

I'd like a skiing lesson, please.

أُريدُ دروسًا في التَّزلُّج، رجاءً.

ureedu durousan fe-t-tazalluj, ragaa'an.

I can't ski very well.

لا يمكنني التزلجُ جيّدًا.

laa yumkenune-t-tazalluju gayyedan.

What are the snow conditions like?

كيفَ تبدو أحوالُ الثَّلج؟

kayfa tabdou ahwaalu-t-thalj?

I've hurt myself.

تأذَّيتُ.

ta'aththaytu.

YOU MIGHT HEAR...

You can hire skis here.

يمكنُكَ استِئجارُ مزالِجَ هُنا.

yumkenuka-s-ste'jaaru mazaaleja huna.

Do you have skiing experience?

هل لديكَ خبرةٌ في التَّزلُّج؟

hal ladayka khebratun fe-t-tazalluj?

The piste is open/closed today.

ميدانُ التَّزلُّج مفتوحٌ/مُغلَقٌ اليوم.

maydanu-t-tazalluj maftouhun/mughlaqun-l-yawm.

The conditions are good/bad.

الأحوالُ جيّدة/سيّئة.

al ahwaalu jayyeda/sayye'a.

There's an avalanche risk.

هناكَ خطرُ الانهيارِ الثَّلجيّ.

hunaaka khataru-l-enheyaare-th-thaljey.

VOCABULARY

skier	ski resort	ski instructor
المُتَزلِّج/المُتَزلِّجة	مُنتَجَعُ التَّزلُّج	مُدرِّب/مُدرِّبة التَّزلُّج
al mutazallej/ al mutazalleja	muntaga'u-t-tazalluj	mudarrebu/ mudarrebatu-t-tazalluj

ski lift

مِصعَدُ التزلُّج
mes'adu-t-tazallug

mountain rescue service

وِحدةُ الإنقاذ الجَبَليّ
wehdatu-l-enqaathe-l-jabaley

snow

الثّلج
ath-thalj

powder

مسحوقُ البودرة
mashouqu-l-boudra

ice

الجليد
al jaleed

avalanche

الاِنهيارُ الثّلجيّ
al enheyaaru-th-thaljey

to ski (off-piste)

تزلَّجَ (خارجَ مَمَرّ التّزلُّج)
tazallaja (khaarega mamarre-t-tazalluj)

to snowboard

تزحلقَ بِلَوحِ الثّلج
tazahlaqa be lawhe-th-thalj

to go mountain climbing

تسلَّقَ الجَبَل
tasallaqa-l-jabal

YOU SHOULD KNOW...

Lebanon, a mountainous country with summits reaching heights of over 10,000 feet, is sometimes referred to as the "Switzerland of the East", while Dubai's indoor ski resort is one of the largest in the world.

GENERAL

crampons

الحذاءُ المِسماريّ
al hethaa'u-l-mesmaarey

ice axe

فأسُ الثّلج
fa'su-th-thalj

ice skates

الزلّاجاتُ الجليديّة
az-zallaajaatu-l-jaleedeyya

ice skating

التّزحلُقُ على الجليد
at-tazahluqu 'ala-l-galeed

rope

الحَبل
al habl

sledge

المِزلَجة
al mezlaja

piste
مَيدانُ التزلّج
maydanu-t-tazalluj

salopettes
ملابسُ التّزلُّج
malaabesu-t-tazalluj

ski boots
حذاءُ التزلّج
hethaa'u-t-tazalluj

ski gloves
قُفّازاتُ التزلّج
quffaazaatu-t-tazalluj

ski goggles
نظّاراتُ التّزلّج
naththaraatu-t-tazalluj

ski helmet
خوذةُ التّزلّج
khouthatu-t-tazalluj

ski jacket
سُترةُ التّزلّج
sutratu-t-tazalluj

ski poles
عصا التّزلّج
'asa-t-tazalluj

skis
المِزلاجان
al mezlaajaan

ski suit
بدلةُ التّزلّج
badlatu-t-tazalluj

snowboard
لوحُ التّزلُّج
lawhu-t-tazalluj

snowboarding boots
حذاءُ التّزحلُقِ بلَوحِ الثّلج
hethaa'u-t-tazalluj
belawhe-th-thalj

Martial arts have become increasingly popular as a sport in the Arab countries, and you will find many clubs and training centres in almost every city.

VOCABULARY

martial arts
الفنونُ القتاليّة
al funounu-l-qetaaleyya

fight
جولةُ القتال
jawlatu-l-qetaal

punch
اللّكم
al-lakm

knockout
الضّربةُ القاضية
ad-darbatu-l-qaadeya

opponent
الخَصم
al khasm

fighter
المُقاتِل/المُقاتِلة
al muqaatel/al muqaatela

wrestler
المُصارِع/المُصارِعة
al musaare'/al musaare'a

boxer
المُلاكِم/المُلاكِمة
al mulaakem/
al mulaakema

featherweight
وزن الريشة
waznu-r-reesha

heavyweight
الوزنُ الثّقيل
al waznu-th-thaqeel

to box
تلاكَمَ
talaakama

to wrestle
صارعَ
saara'a

to punch
لكَمَ
lakama

to kick
ركَلَ
rakala

to strike
ضَربَ
daraba

to spar
اِشتَبَكَ
eshtabaka

to fence
بارَزَ
baaraza

to knock out
ضرب الضربة القاضية
daraba-l-darba-l-qadiya

BOXING

boxing gloves
قُفّازاتُ المُلاكَمة
quffaazaatu-l-mulaakama

boxing ring
حَلبَةُ المُلاكَمة
halabatu-l-mulaakama

boxing shoes
حذاءُ المُلاكَمة
hethaa'u-l-mulaakama

headguard

الخوذة

al khoutha

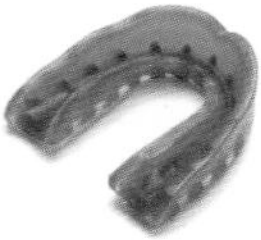

mouthguard

واقي الأسنان

waaqe-l-asnaan

punchbag

كيسُ اللّكم

keesu-l-lakm

OTHER COMBAT SPORTS

fencing

المُسايفة

al musaayafa

judo

الجودو

al joudou

karate

الكاراتيه

al karate

kickboxing

المُلاكَمة

al mulaakama

taekwondo

التّايكواندو

at-taykuwandou

wrestling

المُصارعة

al musaara'a

Cycling is a sport that has been steadily growing in popularity across the Arab countries. From the first Tour of Qatar in 2002, there are now cycling races in other Arab countries, including the Tour of Oman and the Abu Dhabi Tour.

YOU MIGHT SAY...

My bike has a puncture.
عجلةُ درّاجتي مَثقوبة.
'ajalatu daraajate mathqouba.

Is there a cycle path nearby?
هل هُناكَ طريقٌ للدّراجات قريبٌ من هُنا؟
hal hunaaka tareequn le-d-darraajaat qareebun men huna?

YOU MIGHT HEAR...

You must wear a helmet.
يجبُ أن ترتدي الخَوذة.
yajebu an tartade-l-khawtha.

There's a cycle path from ... to...
هُناكَ طريقٌ للدّرّاجات من...إلى...
hunaaka tareequn le-d-darraajaat men...ela...

VOCABULARY

cyclist
سائقُ/سائقةُ الدّرّاجة
saa'equ/saa'eqatu-d-darraaja

road race
سِباقُ الطّريق
sebaaqu-t-tareeq

track race
سباقُ المِضمار
sebaaqu-l-medmaar

cycle path
مَسلك الدّرّاجات
maslaku-d-darraajaat

puncture
ثقبُ العَجلَة
thaqbu-l-'ajala

to ride a bike
قادَ درّاجة
qaada darraja

GENERAL

bike lock
قِفلُ الدّرّاجة
qeflu-d-darraaga

BMX
درّاجةُ البي أم أكس
darrajatu-l-BMX

front light
الضّوءُ الأماميّ
ad-daw'u-l-amaamey

helmet
الخوذة
al khoutha

mountain bike
درّاجةُ الجِبال
darraajatu-l-gebaal

pump
المِنفَخ
al menfakh

reflector
عاكسُ الضّوء
'aakesu-d-daw'

road bike
درّاجةُ الطّريق
darrajatu-t-tareeq

velodrome
مِضمارُ السّباق
medmaaru-s-sebaaq

BICYCLE

handlebars
المِقود
al meqwad

gears
التّروس
at-trous

crossbar
العارِضة
al 'aareda

saddle
المَقعَد
al maq'ad

frame
الهيكَل
al haykal

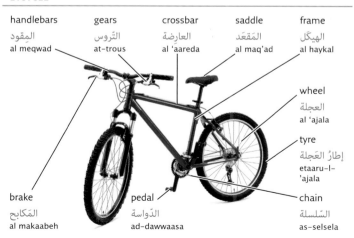

wheel
العجلة
al 'ajala

tyre
إطارُ العَجلة
etaaru-l-'ajala

brake
المَكابح
al makaabeh

pedal
الدّواسة
ad-dawwaasa

chain
السّلسلة
as-selsela

VOCABULARY

race
السّباق
as-sebaaq

marathon
الماراثون
al maraton

starter's gun
مُسدّسُ إعلانِ الانطلاق
musaddasu 'e'laane-l-'entelaaq

runner
العَدّاء/العَدّاءة
al 'addaa'/al 'addaa'a

lane
مَسلَك
maslak

start line
خَطُّ الانطلاق
khattu-l-entelaaq

finish line
خطُّ النّهاية
khattu-n-nehaaya

sprint
الرّكضُ السّريع
ar-rakdu-s-saree'

relay
سِباقُ التّتابُع
sebaaqu-t-tataabu'

heat
شوطُ المُنافَسة
shawtu-l-munaafasa

final
الشّوطُ النّهائيّ
ash-shawtu-n-nehaa'ey

triple jump
القفزةُ الثّلاثيّة
al qafzatu-th-thulaatheyya

heptathlon
السّباقُ السّباعيّ للسّيدات
as-sebaaqu-s-sebaa'ey le-s-sayyedaat

decathlon
السّباقُ العِشريّ للرّجال
as-sebaaqu-l-'eshrey le-r-rejaal

to run
ركضَ
rakada

to race
سابقَ
saabaqa

to jump
قفزَ
qafaza

to throw
رمى
rama

athlete
الرّياضيّ/الرّياضيّة
ar-reyaadey/ar-reyaadeyya

discus
رمايةُ القرص
remaayatu-l-qurs

high jump
القَفزُ العالي
al qafzu-l-'aalee

hurdles

قفزُ الحواجِز

qafzu-l-hawaajez

javelin

رميُ الرُّمح

ramyu-r-rumh

long jump

القَفزُ الطّويل

al qafzu-t-taweel

pole vault

القَفزُ بالعصا

al qafzu be-l-'asa

running track

مسارُ الرّكض

masaaru-r-rakd

shot put

رَميُ الكُرةِ الحديديّة

ramyu-l-kurate-l-hadeedeyya

spikes

حذاءُ المَسامير

hethaa'u-l-masameer

starting block

قاعدةُ الانطِلاق

qaa'edatu-l-'entelaaq

stopwatch

ساعةُ التّوقيف

saa'atu-t-tawqeef

You can find golf courses and golf clubs all over the Arab countries. In places like the UAE, golfing holidays are becoming a popular option for visitors, and it is possible to hire any equipment you may need.

VOCABULARY

minigolf
لَعِبُ الغولف في مَلعبٍ صغير
la'ebu-l-golf fe mal'aben sagheer

golf course
ملعبُ الغولف
mal'abu-l-golf

fairway
ممرّ ضربِ الكُرة
mamarru-darbe-l-kura

clubhouse
نادي الغولف
naade-l-golf

caddie
حاملُ عِدّةِ الغولف
haamelu 'eddate-l-golf

putt
عصا الغولف
'asa-l-golf

swing
أرجحَةُ العصا قبلَ الضّربة
argahatu-l-'asa qabla-d-darba

hole-in-one
إدخالُ الكُرةِ في الحُفرةِ من ضربةِ الانطلاق
edkhaalu-l-kurate fe-l-hufrate men darbate-l-entelaaq

over par
تخطّى الضّرباتِ المسموحة لِلكُرة
takhatta-d-darabaate-l-masmouhate-le-l-kura

under par
لم يتَخَطّ الضّرباتِ المسموحة لِلكُرة
lam yatakhatta-d-darabaate-l-masmouhate-le-l-kura

to play golf
لعبَ الغولف
la'eba-l-golf

to tee off
ضربَ ضربةَ الانطلاق
daraba darbata-l-'entelaaq

to drive the ball
وجّهَ الكُرة
wajjaha-l-kura

to putt the ball
ضربَ الكُرة
daraba-l-kura

GENERAL

golf bag
حقيبةُ الغولف
haqeebatu-l-golf

golf ball
كُرةُ الغولف
kuratu-l-golf

golf buggy
عربةُ الغولف
'arabatu-l-golf

golf club
نادي الغولف
naade-l-golf

golfer
لاعبُ الغولف
laa'ebu-l-golf

golf glove
قُفّازاتُ الغولف
quffaazaatu-l-golf

golf shoes
حذاءُ الغولف
hethaa'u-l-golf

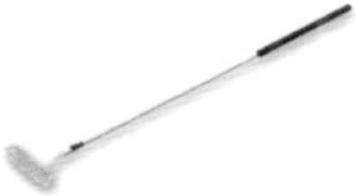

putter
عصا الغولف
'asa-l-golf

tee
حاملةُ الكُرة
haamelatu-l-kura

GOLF COURSE

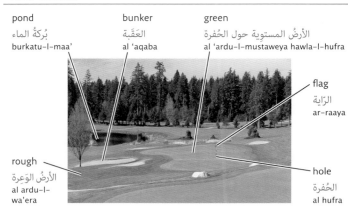

Interest in basketball has grown rapidly over the last few decades. In Lebanon, for example, the national basketball team has qualified three consecutive times for the FIBA World Championship, and has won the FIBA Asia Stanković Cup.

VOCABULARY

wheelchair basketball
كُرةُ السّلةِ للمُقعَدين
kuratu-s-sallate le-l-muq'adeen

layup
رميُ الكُرة
ramyu-l-kura

slam dunk
الدَّنْك
ad-dunk

free throw
الرّميةُ الحُرّة
ar-ramyatu-l-hurra

to play basketball
لعبَ كُرةَ السّلّة
la'eba kurata-s-salla

to catch
أمسكَ الكُرة
amsaka-l-kura

to throw
رمى الكُرة
rama-l-kura

to dribble
تجاوزَ اللّاعبين بِخفّة
tagaawaza-l-la'ebeena bekheffa

to block
صدَّ الكُرةَ
sadda-l-kura

basket
السّلّة
as-salla

basketball
كُرةُ السّلّة
kuratu-s-salla

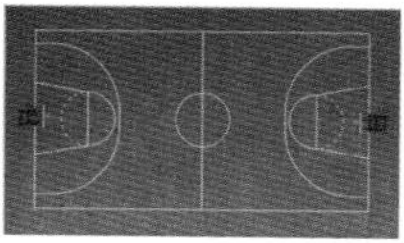

basketball court
ملعبُ كُرةِ السّلّة
mal'abu kurate-s-salla

basketball game
مُباراةُ كُرةِ السّلّة
mubaaraatu kurate-s-salla

basketball player
لاعبُ/لاعِبةُ كُرةِ السّلّة
laa'ebu/laa'ebatu kurate-s-salla

basketball shoes
حذاءُ كُرةِ السّلّة
hethaa'u kurate-s-salla

American football
كرةُ القدمِ الأميركيّة
kuratu-l-qadame-l-'amerkeyya

archery
الرّمايةُ بالقَوس
ar-remaayatu be-l-qaws

baseball
البايسبول
al baysbol

bowls
رميُ الكُرات
ramyu-l-kuraat

climbing
التّسلّق
at-tasalluq

cricket
الكريكيت
al kreket

fishing
صيدُ السّمك
saydu-s-samak

gymnastics
الجمباز
al gumbaaz

handball
كُرةُ اليد
kuratu-l-yad

hockey
الهوكي
al hokee

horse racing
سباقُ الخَيل
sebaaqu-l-khayl

ice hockey
هوكي الجليد
hoke-l-galeed

motorcycle racing

سباقُ الدّرَاجاتِ النّارِيّة

sebaaqu-d-darraagaate-
n-naareyya

motor racing

سباقُ السيارات

sibaqu-s-sayyaraat

netball

كُرةُ الشَّبَكة

kuratu-sh-shabaka

pool

البِلياردو

al belyaardo

shooting

الرِّماية

ar-remaaya

showjumping

قَفزُ الحواجِز

qafzu-l-hawaagez

skateboarding

التَّزلُّج

at-tazalluj

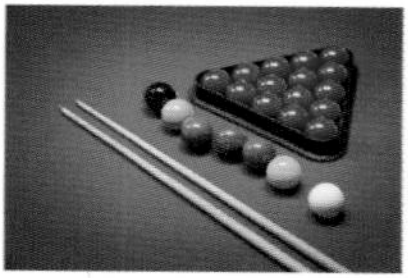

snooker

السّنوكِر

as-snouker

table tennis

كُرةُ الطّاوِلة

kuratu-t-taawela

volleyball

الكُرةُ الطّائِرة

al kuratu-t-taa'era

water polo

كُرةُ الماء

kuratu-l-maa'

weightlifting

رفعُ الأثقال

raf'u-l-'athqaal

HEALTH | الصّحّة

It's important to arrange appropriate cover for healthcare during your time in the Arab countries, so ensure that you have the necessary travel insurance in place.

first-aid kit

عُلبةُ الإسعافاتِ الأوّليّة

'ulbatu-l-es'aafaate-l-awwaleyya

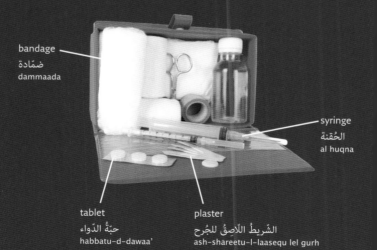

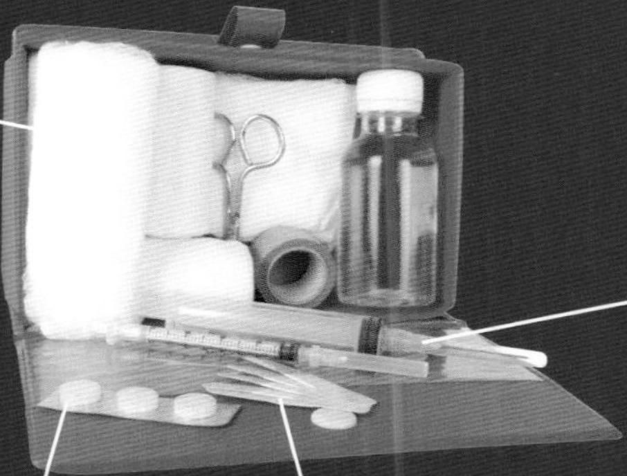

The pharmacy is usually the first port of call for most minor ailments, especially since smaller villages may not be served by a doctor's surgery.

YOU MIGHT SAY...

I don't feel well.
لَستُ على ما يُرام.
lastu 'ala maa yuraam.

I've hurt my...
آذيتُ...
'aathaytu...

I'm going to be sick.
سأمرَض.
sa'amrad.

I need to see a doctor.
يجِبُ أن أرى طبيبًا.
yagebu 'an 'ara tabeeban.

I need to go to hospital.
يجبُ أن أذهَبَ إلى المُستشفى.
yajebu 'an 'athhaba 'ela-l-mustashfa.

Call an ambulance.
اِتَّصِلْ بالإسعاف.
'ettasel bel'es'aaf

YOU MIGHT HEAR...

What's wrong?
ما المُشكِلة؟
ma-l-mushkela?

Where does it hurt?
أينَ الألم؟
ayna-l-alam?

YOU SHOULD KNOW...

It is important for you to obtain a health insurance card in Arab countries to cover any medical treatment. You could either apply for an international medical insurance card, or for a local one according to the law of each Arabic country.

VOCABULARY

first aider
المُسعِفُ الأوّل
al mus'efu-l-'awwal

specialist
طبيبٌ مُتَخَصِّص
tabeebun mutakhasses

patient
المَريض/المريضة
al mareed/al mareeda

pain
الألَم
al 'alam

illness
المَرَض
al marad

mental health
الصّحّةُ العَقليّة
as-sehhatu-l-'aqleyya

treatment
العِلاج
al 'elaaj

medicine
الدّواء
ad-dawaa'

painkiller
المُسَكِّن
al-musakken

recovery
الشّفاء
ash-shefaa'

health insurance
التّأمينُ الصحّي
at-ta'meenu-s-sehhey

medical insurance card
بِطاقةُ التأمين الصّحّي
betaaqatu-t-ta'meene-s-sohhey

healthy
مُعافى
mu'aafa

to be unwell
تألّمَ
ta'allama

to recover
شفيَ
shafeya

to look after
اِعتَنى
'e'tanaa

to treat
عالجَ
'aalaja

doctor
الطّبيب/الطّبيبة
at-tabeeb/at-tabeeba

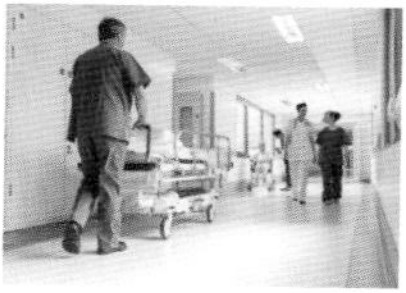

hospital
المُستَشفى
al mustashfaa

nurse
المُمَرِّض/المُمرّضة
al mumarred/
al mumarreda

paramedic
المُسعِف/المُسعِفةُ
al mus'ef/al mus'efa

pharmacist
الصّيدَليّ
as-saydaley

pharmacy
الصّيدليّة
as-saydaleyya

VOCABULARY

throat
الحَلق
al halq

armpit
الإبط
al 'ebt

genitals
الأعضاءُ التّناسُلِيّة
al 'a'daa'u-t-tanaasuleyya

breast
الثَّدْي
ath-thadee

eyelash
الرّموش
ar-rumoush

eyebrow
الحاجِب
al haajeb

eyelid
الجَفن
al jafn

earlobe
شَحمةُ الأُذُن
shahmatu-l-'othon

nostrils
فُتْحاتُ الأنف
futhaatu-l-'anf

lips
الشّفتان
ash-shafataan

tongue
اللّسان
al-lesaan

temple
الصُّدْغ
as-sodgh

skin
الجِلد
al jeld

(body) hair
شَعرُ الجَسد
sha'ru-l-jasad

height
الطّول
at-toul

weight
الوَزن
al wazn

BMI
مُؤَشِّرُ كُتلَةِ الجِسم
mu'ashsheru kutlate-l-jesm

sense of hearing
السّمَع
as-sama'

sense of sight
النَّظَر
an-nathar

sense of smell
الشَّمّ
ash-shamm

sense of taste
الذَّوق
ath-thawq

sense of touch
اللّمس
al-lams

to see
رأى
ra'aa

to smell
شَمَّ
shamma

to hear
سمِعَ
same'a

to touch
لمَسَ
lamasa

to taste
تَذَوَّق
tathawwaqa

FACE

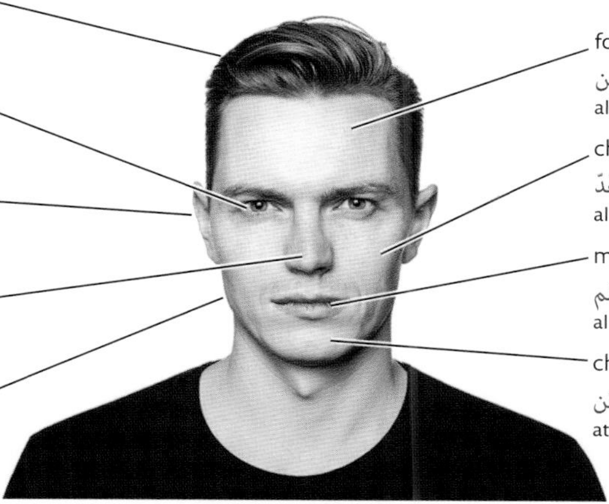

hair
الشَّعر
ash-sha'r

eye
العَين
al 'ayn

ear
الأُذُن
al 'uthun

nose
الأنف
al 'anf

jaw
الفَكّ
al fakk

forehead
الجَبين
al jabeen

cheek
الخَدّ
al khadd

mouth
الفَم
al fam

chin
الذّقن
ath-thaqn

HAND

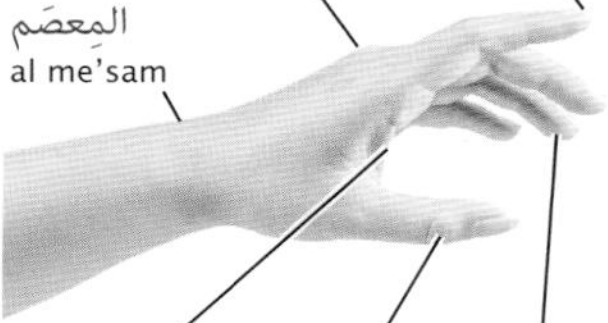

knuckle
مَفصَلُ الإصبع
mafsalu-l-'esba'

fingernail
الظِّفر
ath-thefr

wrist
المِعصَم
al me'sam

palm
الكَفّ
al kaff

thumb
الإبهام
al 'ebhaam

finger
الإصبَع
al 'esba'

FOOT

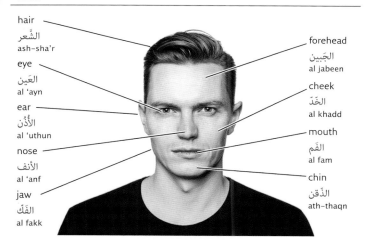

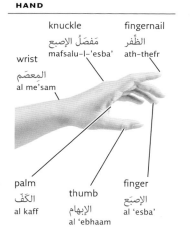

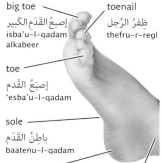

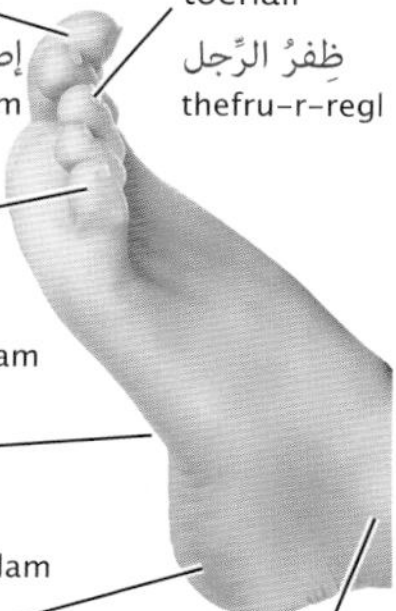

big toe
إصبعُ القَدَمِ الكَبير
isba'u-l-qadam alkabeer

toenail
ظِفرُ الرِّجل
thefru-r-regl

toe
إصبَعُ القَدم
'esba'u-l-qadam

sole
باطِنُ القَدَم
baatenu-l-qadam

heel
كَعبُ القَدم
ka'bu-l-qadam

ankle
الكاحِل
al kaahel

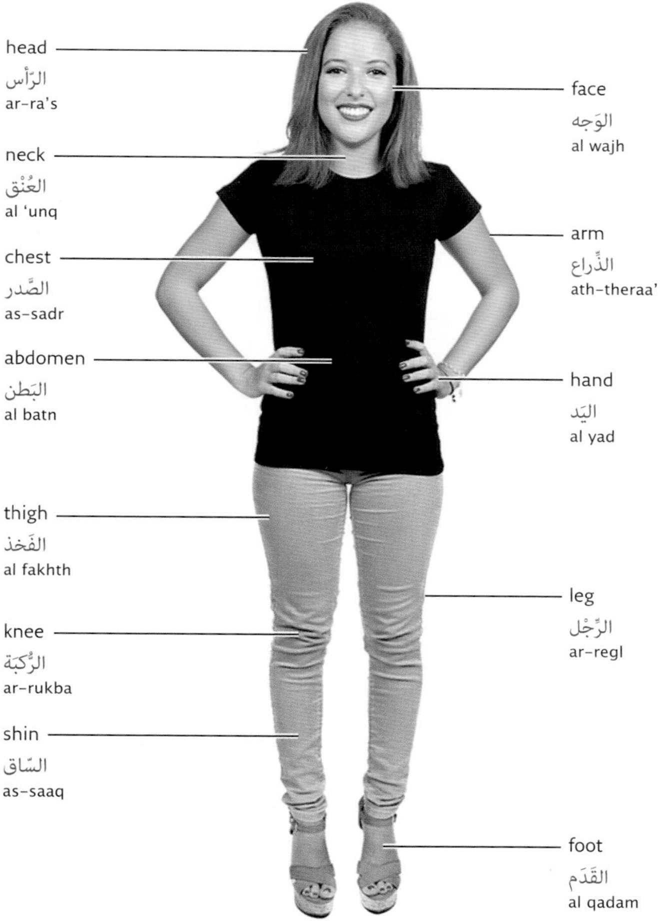
head
الرّأس
ar-ra's
neck
العُنْق
al 'unq
chest
الصَّدر
as-sadr
abdomen
البَطن
al batn
thigh
الفَخذ
al fakhth
knee
الرُّكبَة
ar-rukba
shin
السّاق
as-saaq
face
الوَجه
al wajh
arm
الذِّراع
ath-theraa'
hand
اليَد
al yad
leg
الرِّجْل
ar-regl
foot
القَدَم
al qadam

shoulder
الكَتِف
al katef
back
الظَّهر
ath-thahr
buttocks
المُؤَخِّرة
al mu'akhkhera
elbow
الكُوع
al kou'
hip
الوِرك
al werk
calf
بَطنُ السّاق
batnu-s-saaq

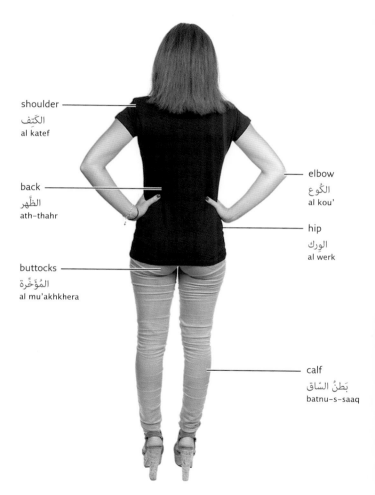

VOCABULARY

organ
العُضو
al 'odw

brain
الدّماغ
ad-demaagh

heart
القَلب
al qalb

lung
الرّئة
ar-re'a

liver
الكَبِد
al kabed

stomach
المَعِدة
al ma'eda

kidney
الكُلية
al kelya

intestines
الأمعاء
al 'am'aa'

digestive system
الجِهازُ الهَضميّ
al gehaazu-l-hadmey

respiratory system
جِهازُ التَّنَفُّس
gehaazu-t-tanaffus

bladder
المَثانة
al mathaana

blood
الدّم
ad-dam

oxygen
الأوكسيجين
al 'oksejeen

joint
المَفصَل
al mafsal

bone
العَظم
al 'athm

muscle
العَضَل
al 'adal

tendon
الوَتَر
al watar

tissue
الأنسِجة
al 'anseja

cell
الخَلِيّة
al khaleyya

artery
الشّريان
ash-sheryaan

vein
الوَريد
al wareed

YOU SHOULD KNOW...

Parts of the body feature in common Arabic expressions, such as: بلعَ لسانَه (bala'a lesaanahu) meaning "he couldn't say a word" (literally: he swallowed his tongue) and هذا من يده (haatha men yadeh) meaning "the trouble he is in is his own fault" (literally: this is from his own hand).

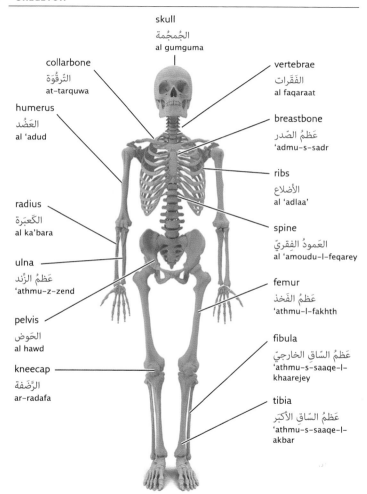

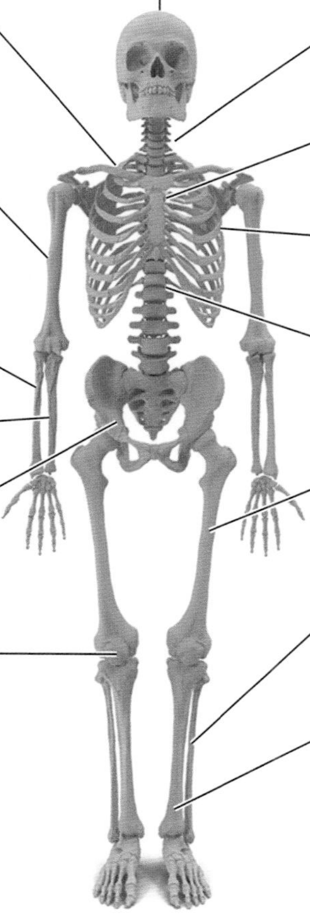

skull
الجُمجُمة
al gumguma

collarbone
التّرقُوَة
at-tarquwa

humerus
العَضُد
al ‘adud

radius
الكَعبَرة
al ka’bara

ulna
عَظمُ الزّند
‘athmu-z-zend

pelvis
الحَوض
al hawd

kneecap
الرَّضَفة
ar-radafa

vertebrae
الفَقَرات
al faqaraat

breastbone
عَظمُ الصّدر
‘admu-s-sadr

ribs
الأضلاع
al ‘adlaa’

spine
العَمودُ الفِقريّ
al ‘amoudu-l-feqarey

femur
عَظمُ الفَخذ
‘athmu-l-fakhth

fibula
عَظمُ السّاقِ الخارجيّ
‘athmu-s-saaqe-l-khaarejey

tibia
عَظمُ السّاقِ الأكبَر
‘athmu-s-saaqe-l-akbar

When attending a doctor's appointment, you will need to provide insurance details, or fill in a patient introduction file at the doctor's surgery.

YOU MIGHT SAY...

I'd like to make an appointment.
أريدُ حجزَ موعِد.
'ureedu hajza maw'ed.

I have an appointment with Dr...
لديّ مَوعِدٌ مع الطّبيب...
ladayya maw'edun ma'e-t-tabeeb...

I'm allergic to...
لدَيّ حساسيّةٌ تِجاه...
ladayya hasaaseyyatun tejaaha...

I take medication for...
أتناولُ الدّواءَ من أجل...
'atanaawalu-d-dawaa'a men 'ajle...

YOU MIGHT HEAR...

Your appointment is at...
موعِدُكَ عندَ السّاعةِ...
maw'eduka 'enda-s-saa'ate...

What are your symptoms?
ما هِيَ عَوارِضُك؟
maa heya 'awaareduk?

May I examine you?
هل يُمكِنُني أن أفحَصَك؟
hal yumkenunee an afhasak?

Tell me if that hurts.
أخبِرني إن آلمَكَ هذا.
akhbernee 'en 'aalamaka haatha.

Do you have any allergies?
هل لديكَ أيّ نوعٍ من الحساسيّة؟
hal ladayka 'ayya naw'en mena-l-hasaaseyya?

Do you take any medication?
هل تتناولُ أيَّ نوعٍ منَ الدّواء؟
hal tatanaawalu 'ayya naw'en mena-d-dawaa'?

You need to see a specialist.
يجبُ أن ترى مُتخصِّصًا.
yajebu 'an tara mutakhassesan.

VOCABULARY

appointment
المَوعِد
al maw'ed

patient introduction file
ملفُّ تَعريفِ المريض
malaffu ta'reefe-l-mareed

clinic
العيادة
al 'eyaada

examination
الفَحصُ الطِّبّي
al fahsu-t-tobbey

examination room
غُرفةُ الفَحص
ghorfatu-l-fahs

prescription
الوَصفةُ الطِّبّيّة
al wasfatu-t-tobbeyya

test
التّحليل
at-tahleel

waiting room
غُرفةُ الاِنتظار
ghurfatu-l-'entethaar

vaccination
اللُّقاح
al-luqaah

allergy
الحَساسيّة
al hasaaseyya

the pill
حبّةُ الدّواء
habbatu-d-dawaa'

medication
الدّواء
ad-dawaa'

antibiotics
مُضادّاتُ الاِلتِهاب
mudaddaatu-l-'eltehaab

sleeping pill
المُنوِّم
al munawwem

to examine
فحَصَ
fahasa

blood pressure monitor
جهازُ ضَغطِ الدّم
jehaazu daghte-d-dam

GP
طبيبُ/طبيبةُ الصّحّةِ العامّة
tabeebu/tabeebatu-s-sehhate-l-'aamma

practice nurse
المُمَرّضُ المُتَدرّب/
المُمرّضةُ المُتدرّبة
al mumarredu-l-mutadarreb/
al mumarredatu-l-mutadarreba

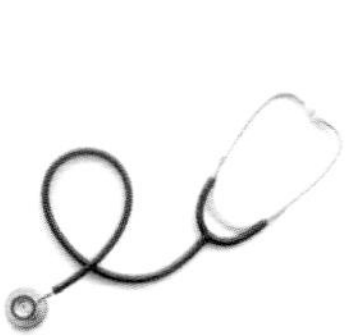

stethoscope
السّمّاعات
as-sammaa'aat

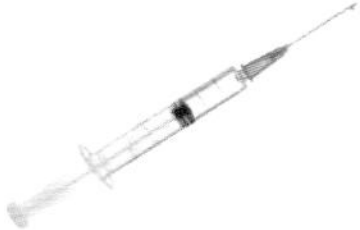

syringe
الحُقنَة
al huqna

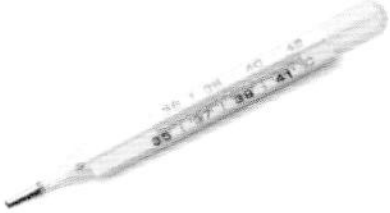

thermometer
ميزانُ الحرارة
meezaanu-l-haraara

YOU MIGHT SAY...

Can I book an emergency appointment?
هل يُمكِنُني حجزُ موعدٍ طارئ؟
hal yumkenunee hagzu maw'eden taare'?

I have toothache.
أسناني تؤلِمني.
'snaanee tu'lemunee.

I have an abscess.
لديَّ خرّاج.
ladayya kharraaj.

My filling has come out.
حشوةُ ضِرسي خَرجَت منه.
hashwatu dorsee kharajat menh.

I've broken my tooth.
كسَرتُ سنّي.
kasartu sennee.

My dentures are broken.
أسناني الاصطناعيّة مَكسورة.
'asnaane-l-'estenaa'eyya maksoura.

YOU MIGHT HEAR...

You need a new filling.
تحتاجُ لحَشوةٍ جديدة.
tahtaaju lehashwaten jadeeda.

Your tooth has to come out.
يجبُ خلعُ ضِرسِك.
yajebu khal'u dersek.

VOCABULARY

check-up
الفَحص
al fahs

molar
الطّاحون
at-taahoun

incisor
القاطِع
al qaate'

canine
النّاب
an-naab

wisdom teeth
ضِرسُ العَقل
dersu-l-'aql

filling
حشوُ الضّرس
hashwu-d-ders

crown
الرّصاصة
ar-rasaasa

root canal treatment
سحبُ العَصَب
sahbu-l-'asab

toothache
ألَمُ الأسنان
'alamu-l-'asnaan

abscess
الخَرّاج
al kharraag

extraction
خَلعُ الضُّرس
khal'u-d-dors

to brush one's teeth
نظّفَ الأسنان
naththafa-l-'asnaan

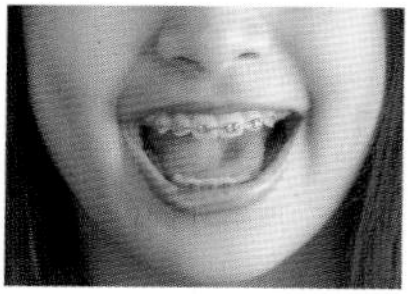

braces

تَقويمُ الأسنان

taqweemu-l-'asnaan

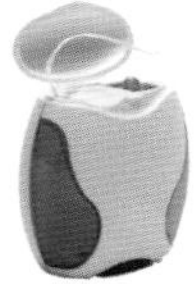

dental floss

خَيطُ الأسنان

khaytu-l-'asnaan

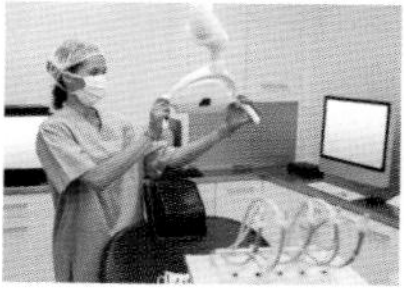

dental nurse

مُمَرِّض/مُمرّضةُ عيادة طِبّ الأسنان

mumarredu/mumarredatu 'eyadate tebbe-l-'asnaan

dentist

طبيبُ/طبيبةُ الأسنان

tabeebu/tabeebatu-l-'asnaan

dentist's chair

كُرسيُّ طبيبِ الأسنان

kurseyyu tabeebe-l-'asnaan

dentist's drill

مِثقابُ الأسنان

methqaabu-l-'asnaan

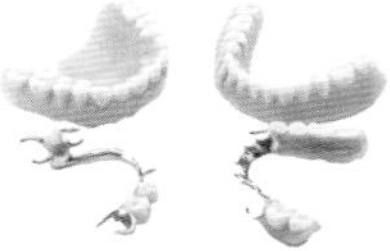

dentures

الأسنانُ الاِصطناعيّة

al 'asnaanu-l-'estenaa'eyya

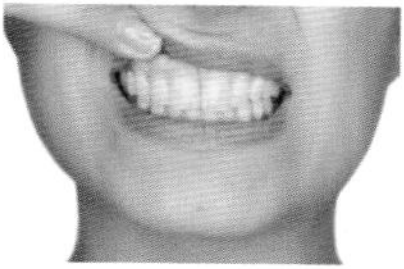

gums

اللّثَّة

al-laththa

mouthwash

غَسولُ الفَم

ghasoulu-l-fam

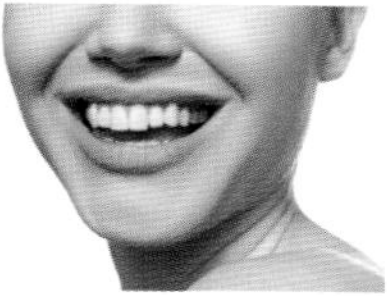

teeth

الأسنان

al 'asnaan

toothbrush

فُرشاةُ الأسنان

furshaatu-l-'asnaan

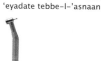

toothpaste

مَعجونُ الأسنان

ma'jounu-l-'asnaan

Eye tests in Arab countries are usually carried out by ophthalmologists, who can provide you with a glasses prescription to take to an optician's.

YOU MIGHT SAY...

Can I book an appointment?
هل يُمكنني حجزُ موعد؟
hal yumkenunee hagzu maw'ed?

My eyes are dry.
في عينَيَّ جفاف.
fee 'aynayya gafaaf.

My eyes are sore.
عيناي تؤلِمانَني.
'aynaaya tu'lemaananee.

Do you repair glasses?
هل تُصلِحُ النّظّارات؟
hal toslehu-n-naththaaraat?

YOU MIGHT HEAR...

Your appointment is at...
مَوعِدُكَ عندَ السّاعة...
maw'eduka 'enda-s-saa'ate...

Look up/down/ahead.
أنظُر إلى أعلى/إلى أسفَل/أمامَك.
onthor 'ela 'a'la/'ela 'asfal/'amaamak.

You have perfect vision.
نظرُكَ مُمتاز.
natharuka mumtaaz.

VOCABULARY

ophthalmologist
طبيبُ العيون
tabeebu-l-'oyoun

reading glasses
نظّاراتُ القِراءة
naththaaraatu-l-qeraa'a

bifocals
النّظّارةُ ثُنائيّةُ البُؤرة
an-naththaaratu thunaa'eyyatu-l-bu'ra

hard/soft contact lenses
عدساتٌ لاصِقة ثقيلة/خفيفة
'adasaatun laaseqatun thaqeela/khafeefa

cataracts
إعتامُ عَدَسَةِ العَين
e'taamu 'adasate-l-'ayn

conjunctivitis
إلتِهابُ المُلتَحِمة
'eltehaabu-l-multahema

stye
إلتِهابُ الجفن
'eltehaabu-l-gefn

blurred vision
عدمُ وضوحِ الرّؤية
'adamu wodouhe-r-ro'ya

short-sighted
ضعيفُ النّظرِ للأشياءِ البعيدة
da'eefu-n-nathare lel'ashyaa'e-l-ba'eeda

long-sighted

ضعيفُ النّظرِ عن قُرب

da'eefu-n-nazare 'an qurb

visually impaired

ضعيفُ البَصر

da'eefu-l-basar

blind

أعمى

a'maa

colour-blind

أعمى الألوان

'a'ma-l-'alwaan

to wear glasses

وضعَ نظّارات

wada'a naththaaraat

to wear contacts

وضعَ عدساتٍ لاصِقة

wada'a 'adasaaten laaseqa

contact lenses

العدساتُ اللّاصقة

al 'adasaatu-l-laaseqa

contact lens case

عُلبةُ العدساتِ اللّاصِقة

'olbatu-l-'adasaate-l-laaseqa

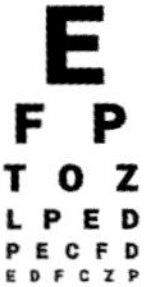

eye chart

لوحةُ فحصِ البَصَر

lawhatu-fahse-l-basar

eye drops

قطرةُ العَين

qatratu-l-'ayn

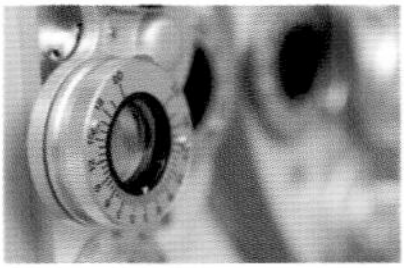

eye test

فَحصُ العُيون

fahsu-l-'oyoun

frames

إطارُ النّظّارة

'etaaru-n-naththaara

glasses

النّظّارات

an-naththaaraat

glasses case

عُلبةُ النّظّارات

'olbatu-n-naththaaraat

optician's

أخصّائيُّ الأدواتِ البصريّة

'akhessaa'eyyu-l-'adawaate-l-basareyya

There are both public hospitals and private hospitals in the Arab countries. Many clinics, however, do work for the state healthcare system, and private health insurance should cover most hospital expenses, whether you visit a public or private facility.

YOU MIGHT SAY...

Which ward is he/she in?
في أي جناح موجود/موجودة؟
fe ay janah mawjood/mawjoodah?

What are the visiting hours?
متى مواعيد الزيارة؟
mata mawaa'eedu-z-zeyaara?

YOU MIGHT HEAR...

He/She is in ward...
إنه/إنها في جناح...
ennahu/ennaha fe janah...

Visiting hours are from ... to...
مواعيد الزيارة من...إلى...
mawae'eed-l-zyara men... ela...

YOU SHOULD KNOW...

Emergency phone numbers vary across the Arab countries, so it is best to familiarize yourself with the appropriate number for the country you are visiting.

VOCABULARY

public hospital
المُستشفى العامّ
al mustashfa-l-'aam

private hospital
المُستَشفى الخاصّ
al mustashfa-l-khaass

A&E
خِدمةُ الطّوارِئ
khedmatu-t-tawaare'

ambulance
الإسعاف
al 'es'aaf

physiotherapist
المُعالجُ الفيزيائيّ/
المُعالِجةُ الفيزيائيّة
al mu'aaleju-l-feezyaa'ey/
al mu'aalejatu-l-
feezyaa'eyya

radiographer
فنّيُّ/فَنّيّةُ الأشعّة
fanneyyu/fanneyyatu-l-
ashe''a

surgeon
الجَرّاح/الجَرّاحة
al jarraah/al jarraaha

operation
العَمليّة
al 'amaleyya

scan
التّصويرُ بالأشعّة
at-tasweeru be-l-ashe''a

intensive care

العِنايةُ المُرَكّزة

al 'enaayatu-l-murakkaza

defibrillator

جِهازُ الصّدماتِ الكَهربائيّة

gehaazu-s-sadamaate-l-kahrabaa'eyya

diagnosis

التّشخيص

at-tashkhees

to undergo surgery

خضعَ لجِراحة

khada'a lejeraaha

to be admitted/discharged

أُدخِلَ المُستَشفى/أُخرِجَ من المستشفى

'udkhela-l-mustashfa/'ukhrega mena-l-mustashfa

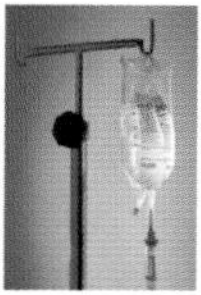

drip

المَصل

al masl

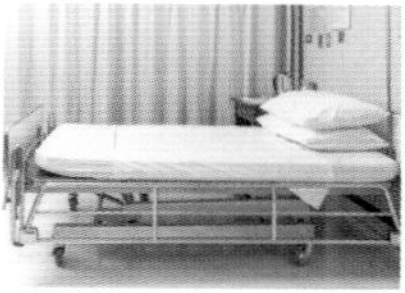

hospital bed

سريرُ المُستشفى

sareeru-l-mustashfaa

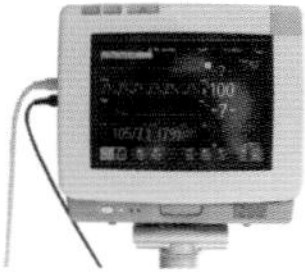

monitor

الشّاشة

ash-shaasha

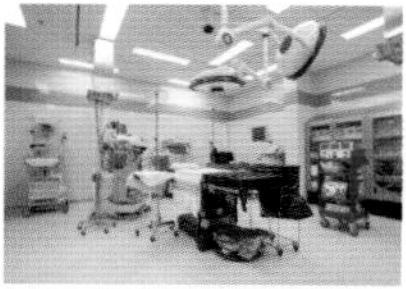

operating theatre

غُرفةُ العمليّات

ghurfatu-l-'amaleyyaat

oxygen mask

قناعُ الاوكسيجين

qenaa'u-l-'oksegeen

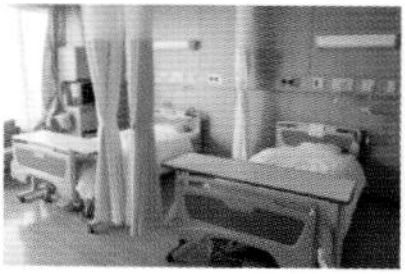

ward

قِسمٌ في المُستشفى

qesmun fe-l-mustashfaa

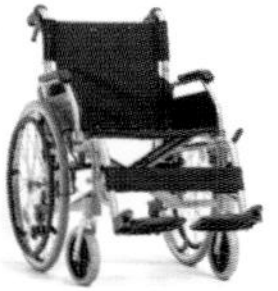

wheelchair

الكُرسيُّ المُدَولَب

al kurseyyu-l-mudawlab

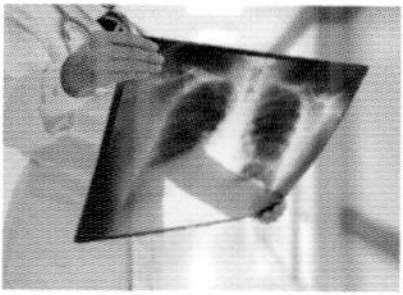

X-ray

الأشعّةُ السّينيّة

al ashe''atu-s-seeneyya

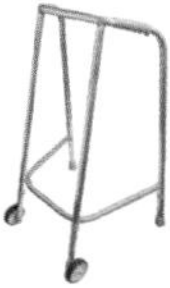

Zimmer frame®

المَشّاية

al mashshaaya

YOU MIGHT SAY...

Can you call an ambulance?
هل يُمكِنُك الاتِّصالُ بإسعاف؟
hal yumkenuka-l-'ettesaalu be'es'aaf?

I've cut/burnt myself.
جرحتُ/حَرَقتُ نفسي.
garahtu/haraqtu nafsee.

I've broken/sprained my...
كسرتُ/خلعتُ...
kasartu/khala'tu...

I've hit my head.
صَدَمتُ رأسي.
sadamtu ra'see.

YOU MIGHT HEAR...

Do you feel faint?
هل تشعُرُ أنّهُ سيُغمى عليك؟
hal tash'uru 'annahu sayughmaa 'alayk?

Do you feel sick?
هل تشعرُ بأنّكَ ستتقيَّء؟
hal tash'uru be'annaka satataqayya'?

YOU SHOULD KNOW...

In Arab countries, you can call an ambulance in case of emergency. Ambulance services provided by the Red Crescent or Red Cross are usually available for free.

VOCABULARY

accident
الحادِث
al haadeth

concussion
الارتجاج
al'ertegaag

fall
السّقوط
as-suqout

dislocation
الخَلع
al khal'

sprain
رَضّة
radda

scar
النّدبة
an-nadba

whiplash
مَصعُ الرّقبة
mas'u-r-raqba

swelling
تورُّم
tawarrum

first aid
الإسعافاتُ الأوّليّة
al es'aafaatu-l-awwaleyya

recovery position
التّعافي
at-ta'aafee

CPR
الإنعاشُ القَلبيِّ الرّئويّ
al'en'aashu-l-qalbeyye-r-re'awey

to be unconscious

فقدَ الوعي
faqada-l-wa'ye

to injure oneself

أصيبَ
'useeba

to break one's arm

كسرَ ذِراعَه
kasara theraa'ah

to take his/her pulse

قاسَ نَبَضَه/قاسَتْ نبضَها
qaasa nabadahu/qaasat nabadaha

to fall

وقعَ
waqa'a

to twist one's ankle

لوى كاحِلَه
lawaa kaahelah

INJURIES

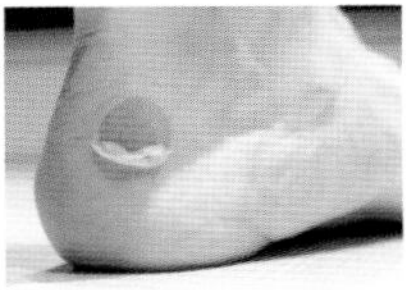

blister

تسلّخ
tassalukh

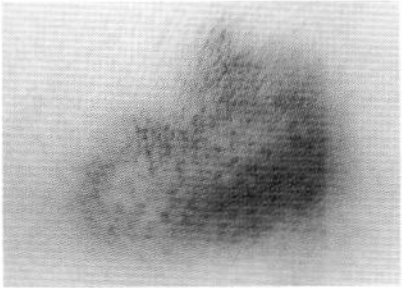

bruise

كَدمة
kadma

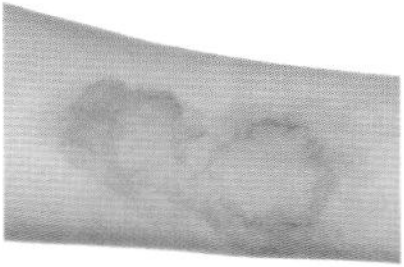

burn

الحَرق
al harq

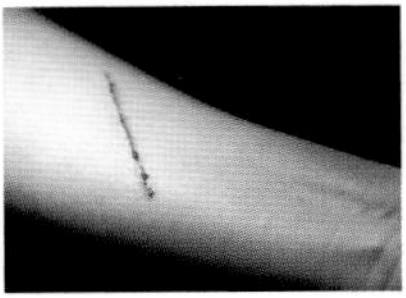

cut

الجُرح
al gurh

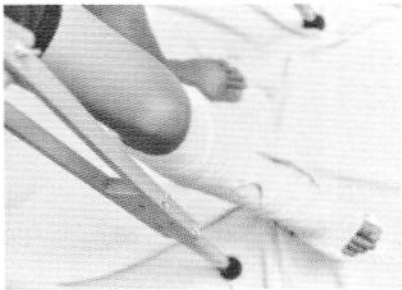

fracture

الكَسر
al kasr

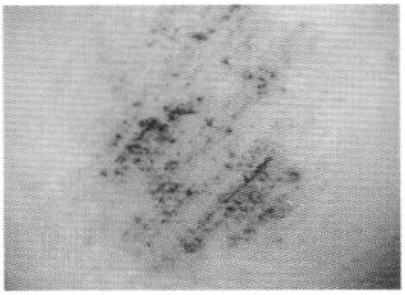

graze

الكَشط
al kasht

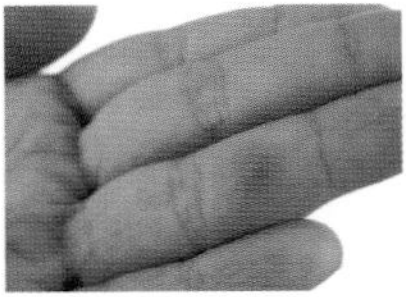

splinter

الشَّظيَّة
ash-shatheyya

sting

اللّسْعَة
al-las'a

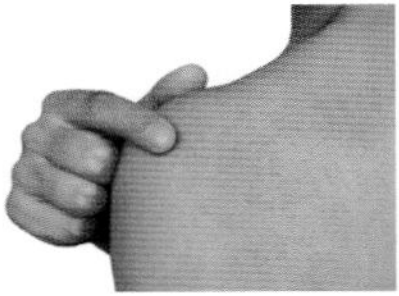

sunburn

حروقُ الشّمس
hurouqu-sh-shams

bandage

الضّمّادة

ad-dammaada

crutches

العَكّازات

al 'akkaazaat

dressing

التّضميد

at-tadmeed

first-aid kit

عُلبةُ الإسعافاتِ الأوّليّة

'ulbatu-l-'es'aafaate-l-'awwaleyya

ice pack

كيسُ الثّلج

keesu-th-thalg

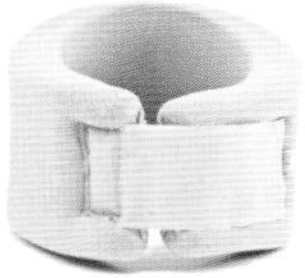

neck brace

مُثبّتُ الرّقبة

muthabbetu-r-raqba

ointment

المَرهَم

al marham

plaster

الشّريطُ اللّاصِقُ للجُرح

ash-shareetu-l-laasequ lel gurh

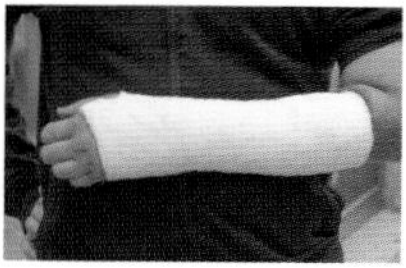

plaster cast

جَبيرةُ الجَصّ

gabeeratu-l-gass

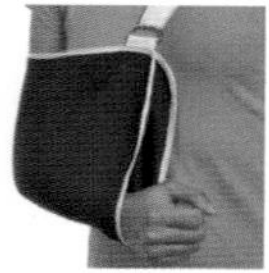

sling

حمّالةُ اليد

hammaalatu-l-yad

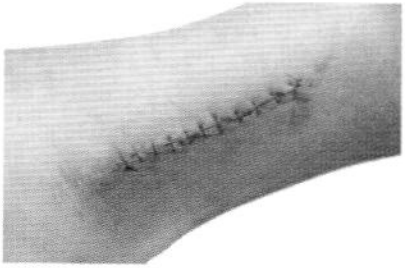

stitches

التّقطيب

at-taqteeb

tweezers

الملقَط

al melqat

YOU MIGHT SAY...

I have a cold/the flu.
أصِبتُ بنزلةِ بَرد/بزُكام.
'usebtu benazlate bard/bezukaam.

I have a rash/fever.
عندي طفحٌ جِلديّ/حُمّى.
'endee tafahun geldey/humma.

I have a sore stomach.
عندي ألمٌ في المَعِدة.
'endee 'alamun fe-l-ma'eda.

I feel shivery.
أشعُرُ بارتِعاش.
ash'uru berte'aash.

I feel dizzy.
أشعرُ بدُوار.
ash'uru beduwaar.

I feel faint.
أشعرُ أنّهُ سيُغمى عليّ
ash'uru annahu sayughma 'alayy.

I'm going to be sick.
سأمرَض.
sa'amrad.

I'm asthmatic/diabetic.
أنا مريضٌ بالرّبو/بالسُّكّريّ.
ana mareedun ber-rabw/be-s-sekkarey.

YOU MIGHT HEAR...

You should go to the pharmacy/doctor.
يجبُ أن تذهبَ إلى الصّيدليّة/الطّبيب.
yagebu an tathhaba 'ela-s-saydaleyya/at-tabeeb.

You need to rest.
يجبُ أن ترتاح.
yagebu an tartaah.

Do you need anything?
هل تحتاجُ إلى شيء؟
hal tahtaagu 'ela shay'?

Take care of yourself.
إنتبِه على نفسِك.
'entabeh 'ala nafsek.

VOCABULARY

heart attack
الأزمةُ القَلبيّة
al azmatu-l-qalbeyya

stroke
السّكتةُ الدّماغيّة
as-saktatu-d-demaagheyya

infection
الإلتِهاب
al 'eltehaab

ear infection

إلتِهابُ الأُذُن
'eltehaabu-l-uthun

virus

الفَيروس
al vayrus

cold/flu

الزُّكام
az-zukaam

chicken pox

الجِدري
al gedree

stomach bug

عَسرُ الهَضم
'asru-l-hadm

food poisoning

تَسَمُّمُ الأكل
tasammumu-l-'akl

vomiting

التَّقَيّؤ
at-taqayyo'

diarrhoea

الإسهال
al 'eshaal

constipation

الإمساك
al 'emsaak

diabetes

السَّكَّرِيّ
as-sukkarey

epilepsy

الصَّرَع
as-sara'

asthma

الرّبو
ar-rabw

dizziness

الدّوار
ad-duwaar

inhaler

الاِسْتِنشاق
al 'estenshaaq

insulin

الأنسولين
al ansouleen

period pain

آلامُ الدّورة
'alaamu-d-dawra

to have high/low blood pressure

ارتَفَعَ/اِنخفضَ ضغطُ دَمِه
'ertafa'a/'enkhafada daghtu dameh

to cough

سعَلَ
sa'ala

to sneeze

عَطَسَ
'atasa

to vomit

تَقَيَّأَ
taqayya'a

to faint

أُغمِيَ عليه
'ughmeya 'alayh

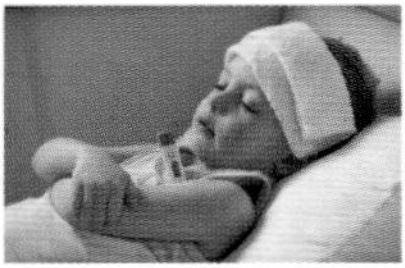

fever

الحُمّى
al humma

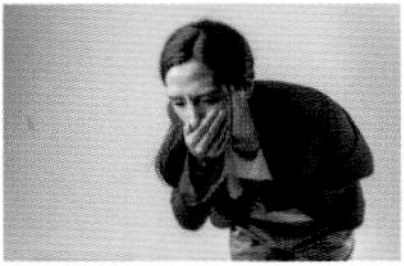

nausea

الغَثيان
al ghathayaan

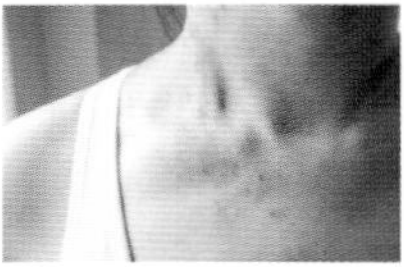

rash

الطَّفَحُ الجِلديّ
at-tafahu-l-jeldey

If you plan to have your baby in one of the Arab countries you will be referred to a gynaecologist who will be your principal contact during the pregnancy, and who will advise on maternity hospitals and midwives. Maternity leave in Arab countries varies between 30 and 45 days.

YOU MIGHT SAY...

I'm six months pregnant.
أنا حاملٌ في الشَّهرِ السّادس.
ana haamelun fe-sh-shahre-s-saades.

I'm/She's having contractions every ... minutes.
أمرُّ/تمُرُّ في حالةِ انقِباضاتٍ كلَّ...دقائق.
amurru/tamurru fee haalate 'enqebaadaaten kulla...daqaa'eq.

My/Her waters have broken.
خَرَجتْ مياهُ الرّاس.
kharagat meyaahu-r-ra's.

I need pain relief.
أريدُ مُسَكِّنَ ألم.
'ureedu musakkena 'alam.

YOU MIGHT HEAR...

How far along are you?
كمْ بَقيَ وقتٌ للولادة؟
kam baqeya waqtun le-l-welaada?

How long is it between contractions?
كمِ الوقتُ بينَ الاِنقِباضات؟
kame-l-waqtu bayna-l-'enqebaadaat?

Push!
إدفعي!
'edfa'ee!

May I examine you?
هل يُمكِنُني أن أفحَصَك؟
hal yumkenunee 'an 'afhasak?

VOCABULARY

pregnant mother
المَرأةُ الحامِل
al mar'atu-l-haamel

foetus
الجَنين
al ganeen

cervix
عُنقُ الرَّحم
'unqu-r-rahm

newborn
المولودُ حديثًا
al mawloudu hadeethan

uterus
الرَّحم
ar-rahm

labour
الطَّلق
at-talq

epidural

المُسكِّنُ المَحقونُ في النّخاعِ الشّوكي

al musakkenu-l-mahqounu fe-n-nukhaa'e-sh-shawkey

Caesarean section

قِسمُ العمليّاتِ القَيصريّة

qesmu-l-'amaleyyaate-l-qaysareyya

birth plan

خطّةُ الولادة

khettatu-l-welaada

delivery

الوِلادة

al welaada

miscarriage

الإجهاض

al 'eghaad

stillborn

المولودُ المَيت

al mawloudu-l-mayt

due date

مَوعِدُ الولادة

maw'edu-l-welaada

morning sickness

غَثيانُ الصّباح

ghathayaanu-s-sabaah

to fall pregnant

حَمَلَت

hamalat

to be in labour

تمرُّ بعمليّةِ الطَّلق

tamurru be'amaleyyate-t-talq

to give birth

وَلَدَتْ

waladat

to miscarry

أجهضَتْ

'aghadat

to breast-feed

أرضَعَت

'arda'at

incubator

الحاضِنة

al haadena

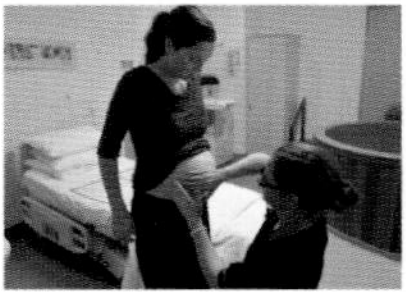

labour suite

جناحُ الولادة

janaahu-l-welaada

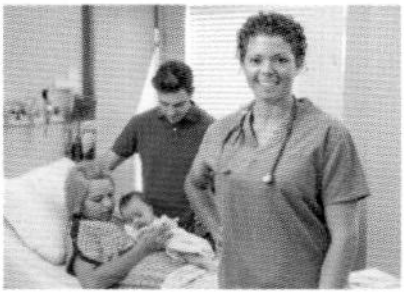

midwife

القابِلة

al qaabela

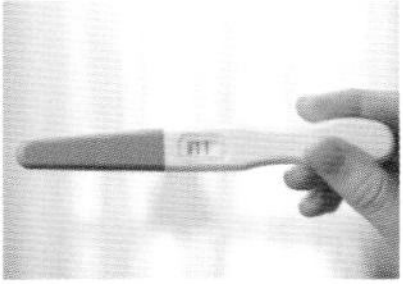

pregnancy test

جهازُ فَحصِ الحَمَل

jehaazu fahse-l-hamal

sonographer

مُخطِّطُ الصّدى

mukhattetu-s-sadaa

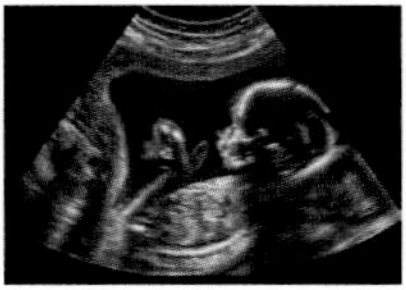

ultrasound

جهازُ التّصويرِ بالموجاتِ الصّوتيّة

jehaazu-t-tasweere be-l-mawjaate-s-sawteyya

Alternative therapies are popular in Arab countries but not all are covered by standard health insurance, so it is worth researching which treatments may or may not be covered by your policy.

VOCABULARY

reiki
العلاجُ بالطّاقة
al 'elaagy bet-taaqa

therapist
المُعالج
al mu'aalej

masseur
المُدلِّك
al mudallek

masseuse
المُدلِّكة
al mudalleka

chiropractor
مُعالجُ الأوجاعِ يدويًّا
mu'aaleju-l-'awjaa'e yadaweyyan

acupuncturist
المُعالجُ بوَخزِ الإبر
al mu'aaleju bewakhze-l-'ebar

reflexologist
أخصّائيُّ علمِ المُنعَكَسات
'akhessaa'eyyu 'elme-l-mun'akasaat

to massage
دلَّكَ
dallaka

to meditate
تأمَّلَ
ta'ammala

to relax
اِستَرْخى
'estarkha

YOU SHOULD KNOW...

In Arab countries it is common to find doctors who use traditional Arabic and natural medicines. Herbs and natural plant oils are often prescribed.

GENERAL

essential oil
زيوتُ الأعشاب
zuyoutu-l-'a'shaab

herbal medicine
طِبُّ الأعشاب
tebbu-l-'a'shaab

homeopathy
الطّب التجانسي
at-tebbu-l-tajanusy

acupuncture

العِلاجُ بوَخزِ الإبَر

al ‘elaaju bewakhze-l-'ebar

chiropractic

العِلاجُ بتَقويمِ العَمودِ الفِقَريّ

al ‘elaaju betaqweeme-l-'amoude-l-feqarey

hypnotherapy

العِلاجُ بالتّنويمِ المَغناطيسيّ

al ‘elaaju be-t-tanweeme-l-maghnaateesey

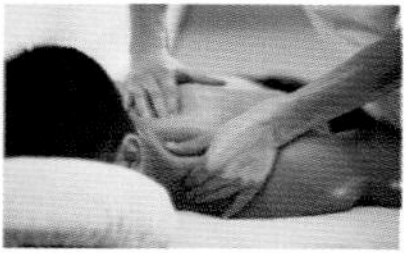

massage

التّدليك

at-tadleek

meditation

التّأمّل

at-ta'ammul

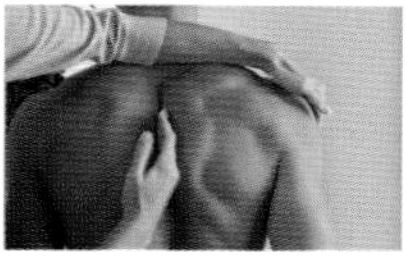

osteopathy

العلاجُ بتقويمِ العِظام والمفاصِل

al ‘elaaju betaqweeme-l-'ethaame wa-l-mafaasel

reflexology

العلاجُ بتدليكِ القَدَمين

al ‘elaaju betadleeke-l-qadamayn

thalassotherapy

العِلاجُ بمياهِ البَحر

al ‘elaaju bemeyaahe-l-bahr

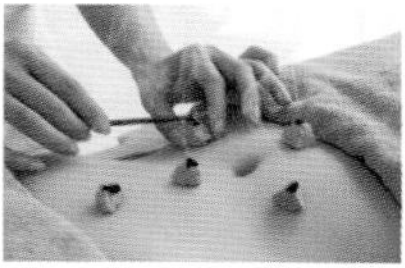

traditional Chinese medicine

الدّواءُ الصّينيّ التّقليديّ

ad-dawaa'u-s-seeneyyu-t-taqleedey

If you intend to travel to any of the Arab countries with your pet, you should check what the local laws state - many require pet passports, plus vaccination and microchip certificates. For example, to bring pets into the UAE, an import permit from the Ministry of Environment and Water will be required. For this, you will need a vaccination card or certificate for each pet, a copy of your passport, and a microchip certificate.

YOU MIGHT SAY...

I've got an appointment.
عندي موعِد.
'endee maw'ed.

My dog has been hurt.
تأذّى كلبي.
ta'aththaa kalbee.

My cat is unwell.
هِرّتي مريضة.
herratee mareetha.

He/She keeps scratching.
لا يتوقّفُ/لا تَتوقّفُ عن الحكّة.
laa yatawaqqafu/la tatawaqqafu 'ane-l-hakka.

YOU MIGHT HEAR...

What is the problem?
هل يُمكِنُكَ أن تُخبِرَني بالمُشكلة؟
hal yumkenuka 'an tukhberanee be-l-mushkela?

Is your pet microchipped?
هل توجَدُ رقاقةٌ إلكترونيّة تحتَ جِلدِ حيوانِكَ الأليف؟
hal tougadu raqaaqatun 'elektroneyyatun tahta gelde-hayawaaneka-l-'aleef?

Do you have a pet passport?
هل لديكَ جوازُ سفرٍ لحيوانِكَ الأليف؟
hal ladayka gawaazu safaren lehayawaaneka-l-'aleef?

VOCABULARY

pet
الحيوانُ الأليف
al hayawaanu-l-'aleef

flea
البَرغوث
al barghouth

tick
القراد
al qaraad

vaccination
اللُّقاح
al-luqaah

pet passport
جوازُ سَفرِ الحيوانِ الأليف
gawaazu safare-l-hayawaane-l-'aleef

quarantine
الحَجرُ الصّحّي
al hagru-s-sohhey

import permit

رُخصَةُ الاستيراد

rukhsatu-l-esteeraad

microchip

الرّقاقةُ الإلكترونيّةُ تحتَ جلدِ الحَيوان لمعرفةِ مكانِه

ar-raqaaqatu-l-'elektroneyyatu tahta gelde-l-hayawaane lema'refate makaanehe

vaccination certificate

شهادةُ تلقيح

shahaadatu talqeeh

to go to the vet

ذهبَ إلى الطّبيبِ البَيطَريّ

thahaba ela-ttabeebe-lbaytarey

to vaccinate

لقّحَ

laqqaha

to spay/neuter

عقّمَ

'aqqama

to put down

أنهى حياةَ الحيَوان

'anha hayaata-l-hayawaan

YOU SHOULD KNOW...

Be aware that dogs are still not permitted in certain public areas, including some beaches. In addition, certain breeds are banned or restricted under legislation on dangerous dogs.

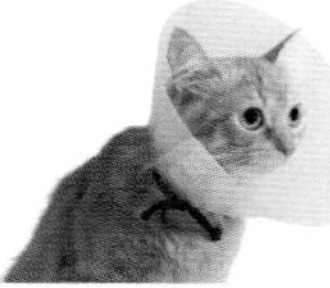

E-collar

الطّوقُ الطّبّيّ البَيطريّ

at-tawqu-t-tobbeyyu-l-baytarey

flea collar

الطّوقُ الطّاردُ للبراغيث

at-tawqu-t-taaredu lel baraagheeth

lead

حبلُ ربطِ الحيوان

hablu rabte-l-hayawaan

muzzle

الكَمّامة

al kammaama

pet carrier

قفَصُ الحيوانِ المُتنقّل

qafasu-l-hayawaane-l-mutanaqqel

vet

الطّبيبُ البيطريّ/الطّبيبةُ البيطريّة

at-tabeebu-l-baytarey/at-tabeebatu-l-baytareyya

PLANET EARTH | كوكبُ الأرض

From the varied, colourful and dramatic landscapes in countries like Oman, Tunisia, Lebanon, and Syria, to the beautiful and picturesque desert in the UAE and Saudi Arabia, the Arab countries are a fantastic place to explore for anyone who loves the great outdoors.

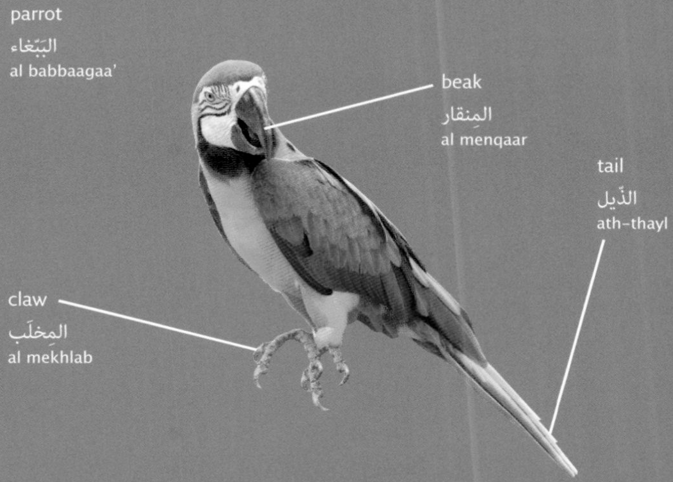

YOU MIGHT SAY...

What is the scenery like?
كيفَ يبدو المنظر؟
kayfa yabdu-l-manthar?

YOU MIGHT HEAR...

The scenery is beautiful/rugged.
المَنظَرُ جميل/غيرُ مُتناسِق.
al mantharu gameel/ghayru mutanaaseq.

VOCABULARY

animal
الحيوان
al hayawaan

bird
الطّائر
at-taa'er

fish
السَّمَك
as-samaka

species
الأنواع
al 'anwaa'

nature reserve
المَحميّةُ الطّبيعيّة
al mahmeyyatu-t-tabee'eyyatu

zoo
حديقةُ الحيوانات
hadeeqatu-l-hayawaanaat

fur
الفَرو
al farwe

wool
الصّوف
as-souf

paw
الكَفّ
al kaff

hoof
الحافر
al haafer

snout
الخرطوم
al khurtoum

mane
اللُبدة
al lubda

tail
الذّيل
ath-thayl

claw
المِخلب
al mekhlab

horn
القَرن
al qarn

feather
الرّيش
ar-reesh

wing
الجَناح
al janaah

beak
المنقار
al menqaar

to bark
نبحَ
nabaha

to purr
ماءَ
maa'a

to growl
زَمجرَ
zamgara

Businesses are not generally accepting of animals, and some public areas, like parks and beaches, may be off-limits for dogs.

YOU MIGHT SAY...

Do you have any pets?
هل عندَكَ حيواناتٌ أليفة؟
hal 'endaka hayawaanaatun aleefa?

Is it OK to bring my pet?
هل يُمكنُني اصطِحابُ حيواني الأليف؟
hal yumkenunee estehaabu hayawaane-l-aleef?

This is my guide dog/assistance dog.
هذا كلبيَ المُرشِد/المُساعد.
haatha kalbeya-l-murshed/al musaa'ed.

YOU MIGHT HEAR...

I have/don't have a pet.
عندي/ليس عندي حيوانٌ أليف.
'endee/laysa 'endee hayawaanun aleef.

I'm allergic to pet hair.
عندي حساسيّةٌ تجاهَ/شعرِ الحيوانات.
'endee hasaaseyyatun tegaaha sha're-l-hayawaanaat.

Animals are not allowed.
ممنوعٌ إدخالُ الحيوانات.
mamnou'un edkhaalu-l-hayawaanaat.

VOCABULARY

fish food
طعامُ السّمك
ta'aamu-s-samak

cat litter
صُندوقُ قُمامةِ الهرّ
sundouqu qumamaate-l-herr

farmer
المُزارع
al muzaare'

farm
المزرعة
al mazra'a

barn
مخزنُ الحبوب
makhzanu-l-huboub

hay
التّبن
at-tebn

straw
القشّ
al qashsh

meadow
المرعى
al mar'aa

flock
السّرب
as-sarb

herd
القطيع
al qatee'

(camel) calf
الحوار
al hawar

to farm
زرعَ
zara'a

Arabian horse

الحصان العربيّ

al hesaanu-l-'arabey

canary

طائرُ الكناري

taa'eru-l-kanaaree

cat

الهرّة

al herr

dog

الكلب

al kalb

Egyptian Mau cat

الهرّة المصريّة

al herratu-l-masreyya

goldfinch

الحسّون

Al hassoun

goldfish

السّمكةُ الذّهبيّة

as-samakatu-th-thahabeyya

hamster

الهَمستر

al hamster

lovebirds

طيورُ الحُبّ

tuyouru-l-hubb

parrot

البَبّغاء

al babbaghaa'

rabbit

الأرنب

al arnab

sloughi

السّلوقي

as-salouqee

FARM ANIMALS

camel

الجمل

al gamal

chicken

الدّجاجة

ad-dagaaga

cow

البقرة

al baqara

donkey

الحمار

al hemaar

duck

البطّة

al batta

goat

المعزاة

al me'zaat

goose

الإوزّة

al ewazza

sheep

الخروف

al kharouf

turkey

الدّيكُ الرّوميّ

ad-deeku-r-roumey

BABY ANIMALS

foal

المُهر

al muhr

kitten

الهُريرة

al huraira

puppy

جروُ الكَلب

garwu-l-kalb

aquarium
حوضُ السّمك
hawdu-s-samak

cage
القفص
al qafas

catflap
بابٌ مُرتدٌ للقطط
baabun murtaddun le-l-qetat

collar
الطّوق
at-tawq

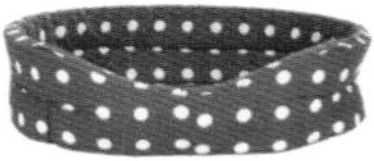

dog basket
سلّةُ الكلاب
sallatu-l-kelaab

hutch
قفصُ الحيوانات
qafasu-l-hayawanaat

kennel
بيتُ الكلب
baytu-l-kalb

lead
الرّسَن
ar-rasan

litter tray
علبةُ القمامة
'ulbatu-l-qumama

pet bowl
وعاءُ الحيوانات الأليفة
we'aa'u-l-hayawaanaate-l-aleefa

pet food
طعامُ الحيوانات الأليفة
ta'aamu-l-hayawaanaate-l-aleefa

stable
الإسطبل
al establ

alligator
القاطور
al qaatour

Arabian spiny-tailed lizard
الضّبّ
ad-dabb

crocodile
التّمساح
at-temsaah

frog
الضّفدع
ad-defda'

gecko
أبو برَيص
abu brays

iguana
الإغوانا
al eguana

lizard
السّحلية
as-suhleya

salamander
السّمندّر
as-samandar

snake
الثُّعبان
ath-thu'baan

toad
العُلجوم
al 'ulgoum

tortoise
السّلحفاةُ البرّيّة
as-sulhufaatu-l-barreyya

turtle
السّلحفاةُ البحريّة
as-sulhufaatu-l-bahreyya

badger

الغُرير

al ghurayr

bat

الخفّاش

al khaffaash

deer

الغزال

al ghazaal

desert fox

ثعلبُ الصّحراء

tha'labu-s-sahraa'

fox

الثّعلب

ath-tha'lab

hare

الأرنبُ البرّيّ

al arnabu-l-barrey

hedgehog

القُنفُذ

al qunfuth

mole

الخُلد

al khuld

mouse

الفأرة

al fa'ra

rat

الجِرذ

al gerth

squirrel

السّنجاب

as-senjaab

wolf

الذّئب

ath-the'b

antelope

الظّبي

ath-thabee

bear

الدّبّ

ad-dub

cheetah

الفهدُ الصيّاد

al fahdu-s-sayyad

chimpanzee

الشّمبانزي

ash-shampanzee

elephant

الفيل

al feel

giraffe

الزّرافة

az-zaraafa

hippopotamus

فرسُ النّهر

farasu-n-nahr

leopard

الفهد

al fahd

lion

الأسد

al asad

monkey

القِرد

al qerd

rhinoceros

وحيدُ القرن

waheedu-l-qarn

tiger

النّمر

an-namer

blackbird
الشّحرور
ash-shahrour

buzzard
الصّقر
as-saqr

cormorant
الغاق
al ghaaq

crane
الكركي
al karkee

crow
الغراب
al ghuraab

dove
الحمامةُ البرّيّة
al hamaamatu-l-barreyya

eagle
النّسر
an-nasr

flamingo
الفلامنغو
al flamengo

gannet
الأطيَش
al atyash

gull
النّورس
an-nawras

heron
مالكُ الحزين
maaleku-l-hazeen

hoopoe
الهدهد
al hudhud

kingfisher
صيّادُ السّمك
sayyadu-s-samak

ostrich
النّعامة
an-na'aama

owl
البومة
al bouma

peacock
الطّاووس
at-taawous

pelican
البجعة
al baga'a

pigeon
الحمامة
al hamaama

robin
أبو الحناء
abu-l-henaa'

sparrow
الدّوري
ad-douree

stork
اللّقلق
al-laqlaq

swan
طائرُ التّمّ
taa'eru-t-tamm

tern
الخَطّاف
al khattaaf

vulture
العُقاب
al 'uqaab

VOCABULARY

swarm
السَّرْب
as-sarb

cobweb
بيتُ العَنكبوت
baytu-l-'ankabout

to buzz
طنَّ
tanna

colony
المُستوطنة
al mustawtana

insect bite
قرصةُ الحشرة
qarsatu-l-hashara

to sting
لدغَ
ladaga

ant
النّملة
an-namla

bed bug
حشرة الفراش
hasharatu-l-ferash

bee
النّحلة
an-nahla

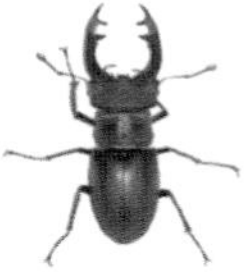

beetle
الخُنفُساء
al khunfusaa'

butterfly
الفراشة
al faraasha

caterpillar
الدّودة
ad-douda

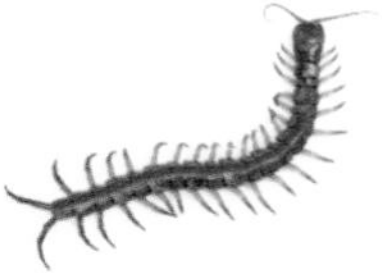

centipede
أم أربع وربَعين
um arba' wa arba'een

cockroach
الصّرصور
as-sarsour

cricket
الجُدجُد
al judjud

desert beetle

خُنفُساءُ الصّحراء

khunfusaa'u-s-sahraa'

dragonfly

اليَعسوب

al ya'soub

earthworm

دودةُ الأرض

doudatu-l-ard

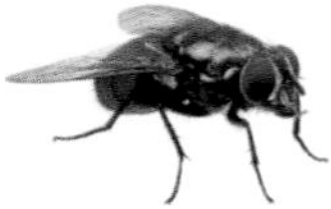

fly

الذّبابة

ath-thubaaba

ladybird

الدّعسوقة

ad-du'souqa

mayfly

ذُبابةُ مايو

thubaabatu maayo

mantis

فرسُ النّبيّ

farasu-n-nabey

mosquito

البعوضة

al ba'ouda

moth

فراشُ العُثّ

faraashu-l-'uth

snail

الحلزون

al halazoun

spider

العنكبوت

al 'ankabout

wasp

الدّبّور

ad-dabbour

coral
المرجان
al murgaan

crab
السّلطعون
as-salta'oun

dolphin
الدّلفين
ad-dulfeen

eel
الإنقليس
al enqlees

jellyfish
قنديلُ البحر
qendeelu-l-bahr

killer whale
الحوتُ القاتل
al houtu-l-qaatel

lobster
سرطان البحر
saratanu-l-bahr

manatee
خروفُ البحر
kharoufu-l-bahr

seal
الفُقمة
al fuqma

shark
القرش
al qersh

starfish
نجمةُ البحر
nagmatu-l-bahr

whale
الحوت
al hout

VOCABULARY

wood
الحِرج
al herg

branch
الغُصن
al ghusn

trunk
الجِذع
al geth'

bark
لحاءُ الشَّجر
lehaa'u-sh-shagar

berry
التّوت
at-tout

root
الجَذر
al gathr

stalk
السّاق
as-saaq

leaf
الورقة
al waraqa

petal
البتلة
al batla

pollen
اللّقاح
al-luqaah

seed
البَذرة
al bathra

bulb
البَصَلة
al basala

YOU SHOULD KNOW...

Roses are the most common type of flower given as a gift in the Arab world.

FLOWERS

carnation
القُرُنفل
al qurunful

hydrangea
القرطاس
al qurtaas

iris
السّوسن
as-sawsan

lily

الزّنبق

az-zanbaq

oleander

الدّفلة

ad-defla

orchid

الاوركيد

al orkeed

poppy

شقائقُ النّعمان

shaqaa'equ-n-nu'maan

rose

الورد

al ward

snapdragon

فمُ السّمكة

famu-s-samaka

stocks

المنثور

al manthour

sunflower

دوّارُ الشّمس

dawwaru-sh-shams

violet

البَنفسَج

al banafsaj

PLANTS AND TREES

basil

الحبق

al habaq

cedar

شجرةُ الأرز

shagaratu-l-arz

cypress

شجرةُ السَّرو

shagaratu-s-sarw

date palm tree

النّخلة

an-nakhla

fungus

الفُطر

al futr

ghaf tree

شجرةُ الغاف

shagaratu-l-ghaaf

grapevine

كرمةُ العِنب

karmatu-l-'enab

lilac

اللّيلك

al-laylak

moss

الطّحلب

at-tahlab

oak

شجرةُ السّنديان

shagaratu-s-sendeyaan

olive

شجرةُ الزّيتون

shagaratu-z-zaytoun

pine

شجرةُ الصّنوبر

shagaratu-s-sanawbar

umbrella-thorn acacia

شجرةُ السّمر

shagaratu-s-sumr

walnut tree

شجرةُ الجوز

shagaratu-l-gawz

willow

شجرةُ الصّفصاف

shagaratu-s-safsaaf

VOCABULARY

landscape
المناظرُ الطّبيعيّة
al manaatheru-t-tabee'eyya

scenery
المَنظَر
al manthar

soil
التّراب
at-turaab

mud
الطّين
at-teen

water
الماء
al maa'

estuary
مصبُّ النّهر
masabbu-n-nahr

air
الهواء
al hawaa'

atmosphere
الغلافُ الجويّ
al ghelaafu-l-gawwey

sunrise
شروقُ الشّمس
shurouqu-sh-shams

sunset
غروبُ الشّمس
ghuroubu-sh-shams

rural
ريفيّ
reefey

urban
متمدّن
mutamadden

LAND

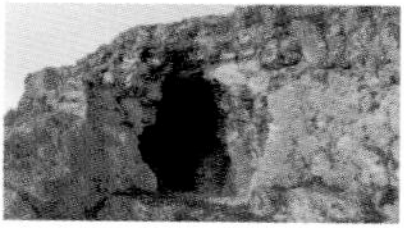
cave
الكهف
al kahf

desert
الصّحراء
as-sahraa'

farmland
الأرضُ الزّراعيّة
al ardu-z-zeraa'eyya

forest
الغابة
al ghaaba

glacier
نهرُ الجليد
nahru-l-jaleed

grassland
المرج
al marg

hill

التلّة

at-talla

lake

البحيرة

al buhayra

marsh

السّبخة

as-sabkha

mountain

الجبل

al jabal

pond

البركة

al burka

river

النّهر

an-nahr

rocks

الصّخور

as-sukhour

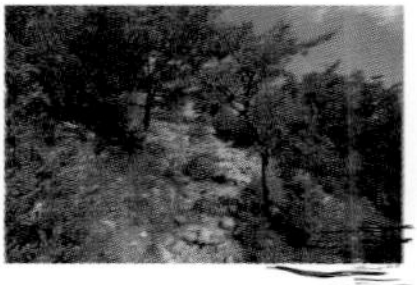

scrub

الأجمة

al ajama

stream

الجدول

al jadwal

valley

الوادي

al waadee

volcano

البركان

al burkaan

waterfall

الشّلّال

ash-shallaal

SEA

cliff

الجرف

al jarf

coast

السّاحل

as-saahel

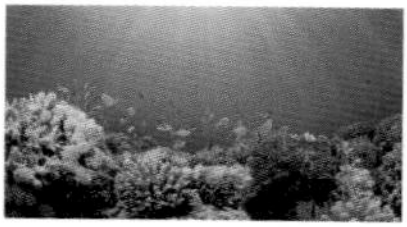

coral reef

الشّعابُ المُرجانيّة

ash-she'aabu-l-murgaaneyya

island

الجزيرة

al jazeera

peninsula

شبهُ الجزيرة

shebhu-l-jazeera

rockpool

بُركةُ الماءِ المالح

burkatu-l-maa'e-l-maaleh

SKY

aurora

الشّفق القطبيّ

ash-shafaqu-l-qotbey

clouds

الغيوم

al ghuyoum

moon

القمر

al qamar

rainbow

قوسُ قُزح

qawsu quzah

stars

النّجوم

an-nugoum

sun

الشّمس

ash-shams

CELEBRATIONS AND FESTIVALS | الأعيادُ والاِحتِفالات

Everyone loves to get together and celebrate. Celebrating local Eid, the Arabic national days and the numerous traditions and customs associated with them, means the company of family and friends, great food, and lively folk dancing.

traditional dress
اللّباسُ التّقليديّ
al-lebaasu-t-taqleedey

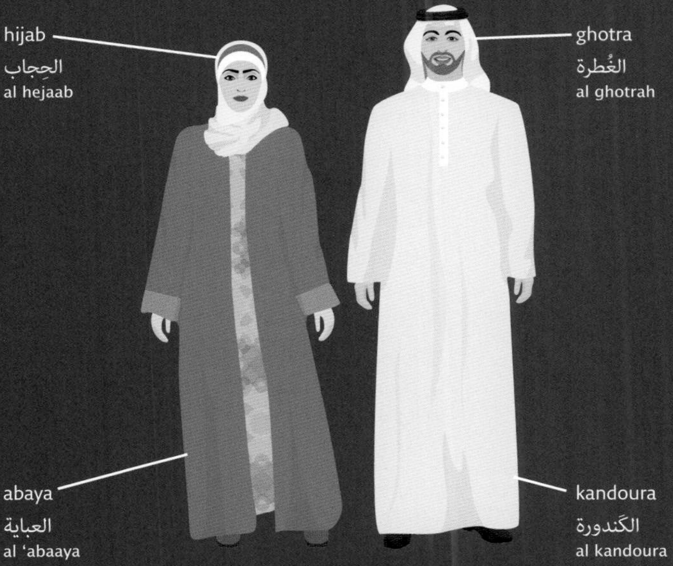

YOU MIGHT SAY/HEAR...

Congratulations! تهانينا! tahaaneena!	Happy anniversary! عيدُ زواجٍ سعيد! 'eedu zawaagen sa'eed!
Well done! أحسَنْت! ahsant!	Best wishes. معَ أطيبِ التّمنّيات. ma'a 'atyabe-t-tamanneyaat.
Happy birthday! كلَّ عامٍ وأنتَ بِخير! kolla 'aamen wa 'anta bekhayr!	Thank you. شكرًا. shokran.

VOCABULARY

birthday عيدُ الميلاد 'eedu-l-meelaad	public holiday الإجازةُ الرّسميّة al 'egaazatu-r-rasmeyya	good news الأخبارُ الجيّدة al 'akhbaaru-ljayyeda
wedding العُرس al 'urs	religious holiday الأعيادُ الدّينيّة al a'yaadu-d-deeneyya	bad news الأخبارُ السّيّئة al 'akhbaaru-s-sayye'a
anniversary الذّكرى السّنويّة ath-thekra-s-sanaweyya	celebration الاِحتِفال al 'ehtefaal	to celebrate اِحتَفَلَ 'ehtafala
wedding anniversary ذِكرى الزّواج thekra-z-zawaag	surprise party الحَفلَةُ المُفاجِئة al haflatu-l-mufaaje'a	to throw a party أقامَ حفلةً aqaama haflatan

YOU SHOULD KNOW...

The celebration of birthdays varies across the Arab countries, but in general it is more common for children and young people to celebrate their birthday. However, some adults also like to mark the occasion with small gifts, and by getting together with friends and family to have a slice of cake.

bouquet

باقةُ الزّهور

baaqatu-z-zuhour

box of chocolates

عُلبَةُ الشّوكولاتة

'ulbatu-sh-shokolaata

cake

قالَبُ الحَلوى

qaalabu-l-halwa

decorations

التّزيين

at-tazyeen

gift

الهَديّة

al hadeyya

greetings card

بطاقاتُ التّهنِئة

betaaqaatu-t-tahne'a

juice

العَصائِر

al 'asaa'er

party

الحَفلة

al hafla

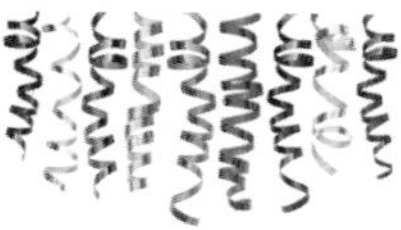

streamers

شريطُ التّزيين

shareetu-t-tazyeen

Official public holidays vary from one Arab country to another. The main general holidays are Eid-ul-Fitr (at the end of Ramadan), Eid-ul-Adha, and the National Day of each country.

YOU MIGHT SAY/HEAR...

Is it a holiday today?
هل هذا اليومُ إجازة؟
hal haatha-l-yawmu 'ejaaza?

What are you celebrating today?
بماذا تَحتَفِلُ اليوم؟
bemaatha tahtafelu-l-yawm?

I wish you...
أتمنّى لكَ...
atamanna laka...

And to you, too!
ولَكَ أيضًا!
wa laka 'aydan!

What are your plans for the holiday?
ما هِيَ مُخطّطاتُكَ للإجازة؟
maa heya mukhattaatatuka le-l-'ejaaza?

Merry Christmas!
ميلادٌ مَجيد!
meelaadun majeed!

Happy New Year!
عامٌ سعيد!
'aamun sa'eed!

Eid Mubarak!
عيدٌ مُبارَك!
'eedun mubaarak!

Happy holidays!
عُطلةٌ سعيدة!
'otlatun sa'eeda!

VOCABULARY

Mother's Day
عيدُ الأُمّ
'eedu-l-'um

Father's Day
عيدُ الأب
'eedu-l-'ab

Islamic New Year
رأسُ السّنةِ الهِجريّة
ra'su-s-sanate-l-hegreyya

Hijri New Year
الهجرةُالنّبويّة
al hegratu-n-nabaweyya

Valentine's Day
عيدُ العُشّاق
'eedu-l-'ushshaaq

Teacher's Day
عيدُ المُعلّم
'eedu-l-mu'allem

birth

الميلاد
al meelad

childhood

الطّفولة
at-tofoula

first day of school

اليومُ الأوّلُ في المَدرسة
al yawmu-l-awwalu fe-l-madrasa

passing your driving test

اجتيازُ اختِبارِ القيادة
'egteyaazu 'ekhtebaarel-qeyaada

graduation

التّخرّج
at-takharruj

finding a job

الحُصولُ على وَظيفة
al hosoulu 'ala watheefa

promotion

التَّرقية
at-tarqeya

engagement

الخُطوبة
al khotouba

marriage

الزّواج
az-zawaaj

divorce

الطّلاق
at-talaaq

having a child

الرِّزْقُ بمَولود
ar-razqu bemawloud

relocation

تغييرُ مكانِ السّكَن
taghyeeru makaane-s-sakan

retirement

التّقاعُد
at-taqaa'ud

funeral

المَأتَم
al ma'tam

YOU SHOULD KNOW...

The celebration of the National Day in each Arab country is an occasion not to be missed. Amongst other things, you can see parades, military shows, flight displays, folk dancing, and fireworks.

NATIONAL HOLIDAYS

Eid-ul-Adha

عيدُ الأضحى
'eedu-l-'adhaa

Eid-ul-Fitr

عيدُ الفِطر
'eedu-l-fetr

Kuwaiti National Day

اليَومُ الوَطنيُّ الكُويتيّ
al yawmu-l-wataneyyu-l-kuwaytey

Omani national day

اليومُ الوطَنيُّ العُمانيّ

al yawmu-l-wataneyyu-l-'omaaney

Saudi Arabian National Day

اليومُ الوطنيُّ السّعوديّ

al yawmu-l-wataneyyu-s-su'oudey

UAE National Day

اليوم الوَطنيّ الإماراتي

al yawmu-l-wataneyyu-l-'emaaraatey

OTHER CELEBRATIONS

Christmas

عيدُ الميلاد

'eedu-l-meelaad

Egyptian drums festival

المَهرجانُ المَصريُّ للطّبول

al mahrajaanu-l-masreyyu le-t-toboul

fireworks

الألعابُ النّاريّة

al 'al'aabu-n-naareyya

Ramadan

شهرُ رمَضان

shahru ramadaan

Prophet's Day

المَولِدُ النّبويّ

al mawledu-n-nabawey

Temgad Algerian music festival

مهرجان تيمقاد الجزائريّ

mahragaanu temqaade-l-gazaa'erey

Dance has always been an important part of the Arab culture, and forms an integral part of the Arabic identity. There are many Arab traditional dances, in which men and women both play an important role. Dances often include both poetry and traditional music, to create rich artistic performances.

VOCABULARY

traditional dress
اللّباسُ التّقليديّ
al-lebaasu-t-taqleedey

dancing instructor
مُعلّمُ الرَّقص
mu'allemu-r-raqs

dancing stick
عصا الرَّقص
'asa-r-raqs

dancing
الرَّقص
ar-raqs

belly dancing
الرّقصُ الشَّرقيّ
ar-raqsu-sh-sharqey

Arabian horse dancing
رقصُ الحِصانِ العربيّ
raqsu-l-hesaane-l-'arabey

TRADITIONAL ARABIC DANCES

dabke
الدَّبكَة
ad-dabka

khaleey dancing
الرّقصُ الخَليجيّ
ar-raqsul-lkhaleegey

sword dancing
الرّقصُ بالسّيف
ar-raqsu be-s-sayf

Tannoura dance
رقصةُ التّنّورة
raqsatu-t-tannoura

traditional drumming dance
رقصةُ الطّبول التّقليديّة
raqsatu-t-toboule-t-taqleedeyya

Yola dance
رقصةُ اليولّة
raqsatu-l-yolla

abaya
العَباية
al 'abaaya

anklet
الخِلخال
al khelkhaal

Arabic khanjar dagger
الخِنْجَرُ العربيّ
al khengaru-l-'arabey

burqa
البُرقُع
al burqu'

Egyptian Pharaonic dress
اللّباسُ المصريّ الفرعونيّ
al-lebaasu-l-masreyyu-l-fer'awney

Moroccan caftan
القَفطان
al qaftaan

Omani kumma
الكُمّةُ العُمانيّة
al kummatu-l-'omaaneyya

red shemagh and agal
العِقالُ والشّماغ الأحمر
al 'eqaalu wa-sh-shemaaghu-l-'ahmar

sherwaal trousers
الشّروال
ash-sherwaal

tarboush
الطّربوش
at-tarboush

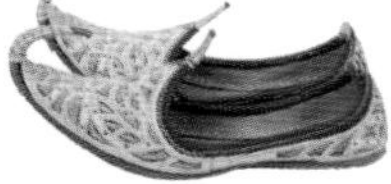

traditional Arabic shoes
الحِذاءُ العربيّ التّقليديّ
al hethaa'u-l-'arabeyyu-t-taqleedey

white shemagh and agal
العِقالُ والشّماغ الأبيض
al 'eqaalu wa-sh-shemaaghu-l-'abyad

ENGLISH

PHOTO CREDITS

Shutterstock: p21 timetable (Brendan Howard), p26 exterior below (JazzBoo), p29/39 ticket machine (Balakate), p34 double-decker bus (Olga Vasilyeva), p34 minibus (Iakov Filimonov), p39 metro station (Valerieka), p39 ticket office (Michael715), p39 tram (Philip Lange), p39 tram stop (Matyas Rehak), p39 validation machine (franticoo), p46 Arabic wooden boat (dvoevnore), p46 ferry (shanid chirammal), p49 traditional Arabian villa (HainaultPhoto), p104 confectionery (Bitkiz), p107 cosmetics (mandritoiu), p107 food and drink (1000 Words), p107 footwear (Toshio Chan), p107 kitchenware (NikomMaelao Production), p107 toys (Zety Akhzar), p115 electrical retailer (BestPhotoPlus), p115 estate agency (Barry Barnes), p116 juice bar (cornfield), p116 pet shop (BestPhotoPlus), p144 bureau de change (Lloyd Carr), p146 postbox (Alexandros Michailidis), p147 church (Ilya Images), p147 conference centre (lou armor), p148 municipality (balipadma), p153 sightseeing bus (Roman Sigaev), p155 comedy show (stock_photo_world), p155 opera (criben), p164 promenade (Oscar Johns), p168 choir (Marco Saroldi), p168 orchestra (Ferenc Szelepcsenyi), p181 football pitch (Christian Bertrand), p183 line judge (Leonard Zhukovsky), p183 umpire (Stuart Slavicky), p193 velodrome (Pavel L Photo and Video), p198 basketball shoes (Milos Vucicevic), p199 handball (Dziurek), p200 motor racing (Cristiano barni), p200 table tennis (Stefan Holm), p200 water polo (katacarix), p224 labour suite (ChameleonsEye). All other images from Shutterstock.